BIBLIOGRAPHISCHER DIENST STAAT UND RECHT

Herausgeber:
DEUTSCHES INSTITUT FÜR RECHTSWISSENSCHAFT
Potsdam-Babelsberg

Jahrgang 3/1957 — Heft 5
September/Oktober

AKADEMIE-VERLAG · BERLIN

Inhaltsverzeichnis:

Auslieferungen:

Für das Gebiet der Deutschen Demokratischen Republik: LKG-Leipziger Kommissions- und Großbuchhandel, Leipzig C 1, Leninstraße 16

Für das Gebiet der Deutschen Bundesrepublik: KUNST UND WISSEN Inh. Erich Bieber, Stuttgart N, Hospitalstraße 33a

Für das gesamte Ausland: Deutsche Buch-Export und -Import GmbH., Leipzig C 1, Postschließfach 276, oder Akademie-Verlag GmbH., Berlin W 8, Mohrenstraße 39

Bestellungen sind zu richten an eine Buchhandlung oder an die Post

Herausgeber und verantwortlich für den Inhalt: Der Direktor des Deutschen Instituts für Rechtswissenschaft. Redaktion: Dr. Renate Bellmann und Jochen Dötsch, Potsdam-Babelsberg, Karl-Marx-Straße 2. Verlag: Akademie-Verlag GmbH., Berlin W 8, Mohrenstraße 39, Fernruf: 200386, Postscheckkonto: 35021. Bestell- und Verlags-Nr. dieses Heftes: 1049/3/5. Die Zeitschrift erscheint zweimonatlich. Bezugspreis für den Jahrgang einschließlich Register: DM 22,20; Einzelheft: DM 3,70. Veröffentlicht unter der generellen Druckgenehmigungs-Nr.: Ag 715/57 DDR. Gesamtherstellung: VEB Druckerei „Thomas Müntzer" Bad Langensalza.

A. BIBLIOGRAPHIE AUS ZEITSCHRIFTEN DER DEUTSCHEN DEMOKRATISCHEN REPUBLIK, DER SOWJETUNION UND DEN LÄNDERN DER VOLKSDEMOKRATIE

Diese Bibliographie enthält eine Auswahl einschlägiger Artikel aus folgenden Zeitschriften: 1)

a) Deutschsprachige Zeitschriften

Ahdl.	= Der Außenhandel, Berlin	1957,H.11-14
Altertum	= Das Altertum, Berlin	1957,Bd.3 H.2
Arb.	= Die Arbeit, Berlin	1957,H.H.6-7
ArbR	= Arbeitsrecht, Zeitschrift für Theorie und Praxis, Berlin	1957,H.6-7
Aufb.	= Aufbau (Kulturpolitische Monatsschrift), Berlin	1957,H.5-7
Ber.Dt.Wirtsch.Inst.	= Berichte des Deutschen Wirtschaftsinstituts, Berlin	1957,H.5-9
ddz	= Dokumentation der Zeit, Berlin	1957,H.143-147
Dem.Aufb.	= Demokratischer Aufbau, Berlin	1957,H.11-15
Dem.u.R.	= Demokratie und Recht, Berlin	1957,H.3
DFW	= Deutsche Finanzwirtschaft, Berlin ...	1957,H.10-14
Dt.Auss.pol.	= Deutsche Außenpolitik, Berlin	1957,H.6-8
Dt.Zs.Philos.	= Deutsche Zeitschrift für Philosophie, Berlin	1957,H.2
Einh.	= Einheit, Berlin	1957,H.6-7
EuV	= Erfindungs-und Vorschlagswesen, Berlin	1957,H.11-15
Hdl.	= Der Handel, Berlin	1957,H.6
Hswesen	= Das Hochschulwesen, Berlin	1957,H.6
Jug.Heimerz.	= Zeitschrift für Jugendhilfe und Heimerziehung, Berlin	1957,H.6-7
Nat.	= Die Nation, Zeitschrift für Theorie und Praxis nationaler Politik, Berlin ...	1957,H.5-7
NJ	= Neue Justiz, Berlin	1957,H.11-15
N.Weg	= Neuer Weg, Berlin	1957,H.11-14
N.Zeit	= Neue Zeit, Moskau	1957,H.22-30
RID	= Rechtswissenschaftlicher Informationsdienst, Berlin	1957,H.9-15
Schöffe	= Der Schöffe, Berlin	1957,H.6-7
Sov.Wiss.(GB)	= Sowjetwissenschaft,Gesellschaftswiss. Beiträge, Berlin	1957,H.6-7

Stat.Prax.	= Statistische Praxis, Berlin	1957,H.5-6
St R	= Staat und Recht, Berlin	1957,H.4-6
Vpol.	= Die Volkspolizei, Berlin	1957,H.11-14
Weltb.	= Die Weltbühne, Berlin	1957,H.22-32
WGBew.	= Die Weltgewerkschaftsbewegung,Berlin ..	1957,H.6-7
Wirtsch.Wiss.	= Wirtschaftswissenschaft, Berlin	1957,H.4
Wiss.Ann.	= Wissenschaftliche Annalen, Berlin	1957,H.6-8
WZ Leipzig,Binnenhdl.	= Wissenschaftl.Zeitschrift d. Hochschule f.Binnenhandel,Leipzig......	1956/57,H.1
Zs.Gesch.Wiss.	= Zeitschrift für Geschichtswissenschaft, Berlin	1957,H.4

b) Fremdsprachige Zeitschriften

Čas.pro mez.pr.	= Časopis pro mezinárodni právo,Prag .	1957,H.2
Cz.Pr.-Hist.	= Czasopismo Prawno-Historyczne, Poznan .	1956,Bd 8,H.1-2
J.N.	= Justitia Nouá (Neue Justiz),Bukarest ..	1957,H.2-3
	Kommunist,Moskau	1957,H.7-9
Mežd.žizn	= Meždunarodnaja žizn (Das internationale Leben), Moskau	1957,H.6
	Nová mysl (Neuer Geist), Prag	1957,H.5-7
	Nowe Drogi (Neue Wege), Warschau	1957,H.6-7
N.P.	= Nowe Prawo (Neues Recht), Warschau	1957,H.6,
P.i P.	= Państwo i Prawo (Staat und Recht), Warschau	1957,H.3
Pr.	= Právnik (Der Jurist),Prag	1957,H.4-6
Probl.econ.	= Probleme economice (Fragen der Ökonomie), Bukarest	1957,H.1-5
Pr.obz.	= Právny obzor (Juristische Rundschau), Prag	1957,H.3-6
Soc.zák.	= Socialistická zákonnost (Die sozialistische Gesetzlichkeit), Prag	1957,H.3-6
	Soudce z lidu (Der Volksrichter), Prag	1957,H.4-6
Sov.gos.pravo	= Sovetskoe gosudarstvo i pravo (Sowjetstaat und Sowjetrecht), Moskau	1957,H.6-7
Vestnik akad.nauk SSSR	= Vestnik Akademii nauk SSSR (Nachrichten der Wissenschaften der UdSSR), Moskau	1957,H.3-4
Vopr.ekon.	= Voprosy ekonomiki (Fragen der Ökonomie), Moskau	1957,H.2-5
Vopr.ist.	= Voprosy istorii (Fragen der Geschichte), Moskau	1957,H.3

1) Die hier aufgeführten Hefte sind gemäß der Benutzungsordnung der Bibliothek des Deutschen Instituts für Rechtswissenschaft bedingt ausleihfähig.

1. Marxismus-Leninismus [1]

Dunea, P.: W.I.Lenin über den Klassenkampf in der Periode des Übergangs vom Kapitalismus zum Sozialismus. (Probl.econ.,1957,H.4, S.13-23)

Hutira,E.: Die Übergangsperiode vom Kapitalismus zum Sozialismus. (Probl.econ.,1957,H.3, S.105-116)

Das Leben und Werk W.I.Lenins - die stets lebendige Quelle von Lehren für unsere Arbeit. (Nová mysl, 1957,H.5, S.402-409)

Neue Dokumente W.I.Lenins.(Einh.,1957,H.6, S.671-680)

2. Rechtswissenschaft (Aufgaben und Methoden)

Doležal,M.: Die bürgerliche Rechtswissenschaft muß gründlicher kennengelernt und kritisiert werden. (Pr.,1957,H.5, S.432-434)

Romaškin,P.S.;K.A.Mokičev (Romaschkin,P.S.;K.A.Mokitschew): Für die weitere Verbesserung der Arbeit des Rechtsinstituts der Akademie der Wissenschaften der UdSSR. (Sov.gos.pravo, 1957, H.6, S.11-19)

Über die Maßnahmen zur Verbesserung der Arbeit des Rechtsinstituts. (Vestnik akad.nauk SSSR, 1957, H.4,S.100-105)

3. Staats-und Rechtstheorie

Alekseev,S.S.(Alexejew,S.S.): Über die theoretischen Grundlagen der Klassifizierung der Zweige des Sowjetrechts. (Sov.gos.pravo,1957, H.7, S.99-107)

Bartfeld,L.: Rechtsnormen und Rechtsverhältnisse. (J.N., 1957,H.2, S.207-217)

Dokov,D.: Die Rolle des sozialistischen Rechts der Bulgarischen Volksrepublik bei der Festigung des Bündnisses zwischen der Arbeiterklasse und der werktätigen Bauernschaft. (J.N.,1957,H.2, S.218-236)

Farberov,N.P.: Über die Einheit der sozialistischen Staaten und die Eigenart ihrer politischen Formen. (Sov.gos.pravo, 1957,H.6, S.40-51) 7

Izdebski,Z.: Die Revision des Begriffs der Volksgesetzlichkeit. (P.i P.,1957, H.3, S.443-455)

Kelm, H.J.: Zur Frage der Parteilichkeit in der staatsphilosophischen Theorie Hegels. (Dt.Zs.Philos.,1957,H.2, S.196-215)

Kerimov, D.A.: Fragen der Theorie der sozialistischen Gesetzlichkeit. (NJ, 1957,H.13, S.385-390)

1) Die nach der Fundstelle eines Artikels angegebenen Zahlen verweisen auf die Bedeutung dieses Artikels auch für andere Fachgebiete entsprechend der hier zugrundegelegten Systematik.

Kerimov, D.A.: Die wissenschaftlichen Grundlagen der Rechtsschöpfung des sozialistischen Sowjetstaates. (St R,1957,H.6,S.580-611) 7

Zur Klassenlage der westdeutschen Arbeiter. (Wirtsch.Wiss.,1957, H.4, S.579-593)

Kon, I.: Bürgerliche Soziologie und sozialer Fortschritt.(N.Zeit, 1957,H.22, S.13-16; H.24, S.18-20)

Mollnau, K.A.: Bourgeoisie und Proletariat in neothomistischer Sicht. (St R,1957, H.4, S.354-374)

Nedbailo,P.E.: Die juristischen Garantien einer richtigen Verwirklichung der sowjetischen Rechtsnormen. (Sov.gos.pravo, 1957,H.6, S.20-29)

Posch,M.: Zum Widerspruch zwischen Form und Inhalt des Rechts. (St R,1957,H.6, S.612-628) 13

Šamalík, F.: Die bürgerliche Demokratie und die sozialistische Demokratie. (Nová mysl,1957,H.6, S.538-551)

Šargorodskij,M.D.;O.S.Joffe (Schargorodskij,M.D.): Über das System des Sowjetrechts. (Sov.gos.pravo, 1957,H.6, S.101-110)

Schmidt, J.L.: Zur Problematik des staatsmonopolistischen Kapitalismus nach dem zweiten Weltkrieg. (Einh.,1957,H.6, S.715-726)

Schütze, J.: Die Demagogie vom Nationalkommunismus.(Nat.,1957,H.5, S. 331-334)

Ssü Di-ssing: Klassenbeziehungen und Klassenkampf während der Übergangsperiode in China. (Vopr.fil.,1957,H.1, deutsch: Sov.Wiss.GB 1957, H.6, S.627-646)

Steiniger,A.: Zu drei Fragen der marxistisch-leninistischen Revolutionstheorie. (St R,1957,H.4, S.329-353)

Stern,L.: Die bürgerliche Soziologie und das Problem der Freiheit. (Zs.Gesch.Wiss.,1957,H.4, S.677-712)

Sujka,B.: Einige Bemerkungen über das Buch von Hans Kelsen: "The Communist Theory of Law". (P.i P.,1957,H.3, S.580-592)

4.Geschichte der Staats-und Rechtstheorie

Baszkiewicz,J.: Betrachtungen über den Universalismus und den Begriff der staatlichen Souveränität in der feudalen politischen Theorie. T.2. (Mit franz.Résumé) (Cz.Pr.-Hist.,1956,Bd 8,H.1, S.9-62)

Matuszewski,J.: Die Causae haereditariae der Immunitätsklauseln. (Mit franz.Résumé) (Cz.Pr.-Hist.,1956,Bd 8,H.1,S.63-92)

Skripilev, E.A.: Die Rechtsauffassungen G.W.Plechanows.(Sov.gos.pravo,1956,H.10, S.17-27;deutsch: RID,1957,H.14, Sp.416-426)

Želudkov,A.A.(Sheludkow,A.A.): Die Ansichten A.I.Herzens über den Staat. (Sov.gos.pravo, 1957,H.7, S.12-21)

5.Staats-und Rechtsgeschichte

Černilovski,S.M.(Tschernilowski,S.M.): Zu einigen Fragen der Geschichte des bürgerlichen Staates und Rechts der neuesten Zeit. (Sov.gos.pravo, 1956,H.9, S.27-37; deutsch: RID,1957,H.14,Sp.426-438)

Cieślak, T.: Die Reform des preussischen Wahlrechts in der Epoche des Imperialismus. (Mit franz.Résumé) (Cz.Pr.-Hist.1956,Bd 8,H.2, S.75-98)

Foustka,N.: Die Widerspiegelung des Klassenkampfes in der tschechoslowakischen Gesetzgebung in den Jahren 1918-1920. (Pr.,1957,H.4, S.298-309)

Giersiepen,E.;W.Robbe: Zur Rolle der Volksmassen und der Persönlichkeit in der Geschichte. (Zs.Gesch.Wiss.,1957,H.4, S.795-804)

Gladkov,I.: Die Aprilthesen W.I.Lenins - der Plan des Überganges zur sozialistischen Revolution. (Vopr.ekon.,1957,H.3, S.16-28)

Gorman,A.J.: Die staatliche Tätigkeit V.I.Lenins in der Stellung des Vorsitzenden des Sowjets der Arbeiter - und Bauernverteidigung. (Sov.gos.pravo, 1957,H.7, S.3-11) 7

Kalinyčev,F.I. (Kalinitschew,F.I.): Die russische Revolution und die Staatsduma. (Sov.gos.pravo, 1957,H.6, S.29-39)

Markov,W.: Revolutionsregierung und Volksbewegung in Frankreich 1793-1794 (Wiss.Ann.,1957,H.8, S.505-513)

Sczaniecki,M.: Die Hauptlinien der Entwicklung des feudalen Staates Westpommern. T.2.(1478-1848).(Mit franz.Résumé) (Cz.Pr.-Hist.,1956, Bd 8,H.1,S.93-167)

Vetulani,A.: Zum Recht der Bauern im feudalen Polen.(P.i P.,1956, H.10,S.618-632;deutsch: RID,1957,H.14, Sp.403-415)

6.Völkerrecht und Außenpolitik

Der reale Weg zur Abrüstung. (Mezd.žizn,1957, H.6, S.3-11)

Abrüstung im Mittelpunkt des Weltinteresses. Chronik über die Londoner Verhandlungen des Unterausschusses der UNO-Abrüstungskommission. (T.2.) (ddz,1957,H.147, Sp.19-28)

Neue Abrüstungsvorschläge der Regierung der UdSSR. Sowjetisches Memorandum an den Unterausschuß der UNO-Abrüstungskommission v.30. Apr.1957. (ddz,1957,H.144, S.1-9)

Antwortnote der Sowjetregierung an die Bundesregierung über die Atomausrüstung Westdeutschlands (27.Juni 1957).(ddz,1957,H.147, Sp.5-10)

Die Gründung der Association des Völkerrechts in der Sowjetunion. (Mezd.žizn,1957,H.6, S.158)

Note der Regierung der DDR an Bonn zur atomaren Aufrüstung Westdeutschlands. (ddz,1957, H.143, Sp.17-18)

Weltkampagne der Wissenschaftler gegen Atombombenversuche.(ddz,1957, H.147,Sp.11-18)

Warnung an Bonn: Keine Atomwaffen in Deutschland! (Note der Sowjetregierung vom 27. April 1957). (ddz,1957,H.143, S.11-17)

Aust,H.W.: Washington muss seine Chinapolitik revidieren. (Dt.Auss.pol.,1957,H.8, S.656-660)

Baginjan,K.A.: Das Prinzip der Nichteinmischung und das Statut der UNO. (Sov.gos.pravo, 1957,H.6, S.62-70)

Banerji,J.K.: Die Aussenpolitik Indiens. (Aufb.,1957,H.7, S.93-100)

Basler, W.: Die Sowjetunion und die kollektive Sicherheit vor dem zweiten Weltkrieg. (II). (Dt.Auss.pol.,1957,H.6, S.500-509) 5

Berák,J.: Die 45.Konferenz der Interparlamentarischen Union in Bangkok. (Čas.pro mez.pr.,1957,H.2, S.189-191)

Berezowski, C.: Die Frage der territorialen Stützpunkte.(Pr.,1957, H.6, S.477-499)

Berger,G.: Der Nürnberger Prozeß.(Dem.u.R.,1957,H.3,S.120-129) 11

Bertsch,H.: Der Kampf der Sowjetunion um die Abrüstung.(N.Weg,1957, H.12, S.776-781)

Bertsch,H.: Zum Stand der Abrüstungsdiskussion.(Dt.Auss.pol.,1957, H.7, S.560-566)

Besymenski,L.: Europäische Zone - ein realer Plan.(Betr.: Zone begrenzter Rüstungen in Europa). (N.Zeit,1957,H.23,S.6-9)

Bierzanek,R.: Die Entwürfe für neue Abkommen des Internationalen Seeausschusses.(P.i P.,1957,H.3, S.495-502)

Bogdanov, O.V. (Bogdanow,O.W.): Verhandlungen sind das Hauptmittel einer friedlichen Regelung der internationalen Meinungsverschiedenheiten. (Sov.gos.pravo,1957,H.7, S,71-80)

Bolintineanu, A.: Einige Fragen in Verbindung mit der Ratifizierung internationaler Verträge. (J.N.,1957,H.3, S.427-444)

Bunsdorf,G.von: Die sowjetisch-finnischen Beziehungen und die Festigung des Friedens in Nordeuropa. (Mežd.žizn, 1957,H.6,S. 38-42)

Čičerin,G.V.(Tschitscherin,G.W.): Lenin und die Aussenpolitik. (Vopr.ist.,1957,H.3, S.20-25) 5

Coates,W.: Vierzig Jahre englisch-sowjetische Beziehungen.(N.Zeit, 1957,H.27, S.7-10) 5

Cúth,J.: Die Integrationsbestrebungen des kapitalistischen Europa und das Völkerrecht.(Pr.obz.,1957,H.6, S.321-339)

Cyrankiewicz,J.: Polen und seine Nachbarn.(Dt.Auss.pol.,1957,H.8, S.631-638)

Dan,P.: Eine neue Etappe des alten Planes - die Doktrin Eisenhowers. (Probl.econ.,1957,H.4, S.86-98)

Bonner Winkelzüge (Betr.: Aussenpolitik der Deutschen Bundesrepublik). (Dt.Auss.pol.,1957,H.8, S.623-63o)

Dittmar,K.: Das Kräfteverhältnis der beiden militärischen Machtblöcke. (Dt.Auss.pol.,1957,H.7, S.541-55o)

Sowjetunion für Einstellung aller Kernwaffenversuche. (Persönliche Botschaft Bulganins an Macmillan).(ddz,1957,H.143, Sp.27-34)

Gemeinsame Erklärung der Regierung der Deutschen Demokratischen Republik und der Regierung der Volksrepublik Polen. Vom 20.Juni 1957. (Nat.,1957,H.7, S.445-450)

Erklärung der Regierung der Koreanischen Volksdemokratischen Republik vom 26.Juni 1957. (Dt.Auss.pol.,1957,H.8, S.696-699)

Gemeinsame Erklärung der Regierungen der Rumänischen Volksrepublik und der DDR (28.April 1957). (ddz,1957,H.143, Sp.35-40)

Die Europapläne des deutschen Imperialismus. (Ber.Dt.Wirtsch.Inst., 1957,H.7/8, S.3-28) 5

Über die Schaffung eines "Gemeinsamen Marktes"und die Europäische Atomgemeinschaft. (Kommunist,1957,H.9, S.88-102)

Fituni, L.: Der Gemeinsame Markt und die nichteuropäischen Länder. (N.Zeit, 1957,H.22, S.9-10)

Funder, W.: Die Anerkennung der Friedensgrenze an Oder und Neisse. (Nat.,1957,H.6, S.400-418)

Gellert, P.: Gefahren für Österreichs Neutralität.(Dt.Auss.pol., 1957,H.7, S.579-583)

Godan,N.;V.Voloseniuc: Über die Schaffung eines westeuropäischen gemeinsamen Marktes. (Probl.econ.,1957,H.5, S.1o7-12o)

Grope,H.: Über die Aussenhandelspolitik der Deutschen Demokratischen Republik. (Nat.,1957,H.6, S.433-442) 13

Grotewohl,O.: Die Stärke des Blocks der sozialistischen Staaten. (Dt.Auss.pol.,1957,H.6, S.466-469)

Hegemann, M.: Bericht über die Quellenlage in den Archiven der DDR zur Geschichte der deutsch-rumänischen Beziehungen. (Zs.Gesch.Wiss.,1957,H.4, S.849-859) 5

Heuer, U.J.: Nürnberg - Bilanz und Mahnung. Zum Erscheinen der Dokumentation über den Nürnberger Prozeß. (NJ, 1957,H.13,S.390-393)

Knjažinskij, V.(Knjashinskij,W.): Die Idee "der Vereinigung Europas" im Dienste der imperialistischen Politik. (Mežd.žizn,1957,H.6,S.5o-57)

Kollecker, S.: Zur Entwicklung der Handelsbeziehungen zwischen der Deutschen Demokratischen Republik und der Volksrepublik China. (Nat.,1957,H.7, S.493-499) 13

Koltzenburg, W.: Das Truppenstationierungsabkommen, ein Ausdruck der Souveränität der Deutschen Demokratischen Republik.(Nat.,1957, H.6, S.419-424)

Kowalewski,J.: Die Deutsche Bundesrepublik und die Abrüstung. (Nowe Drogi, 1957,H.7, S.94-1o1)

Liebig, G.: Der kleineuropäische Zollpakt und EURATOM vertiefen die Spaltung Deutschlands und Europas. (N.Weg 1957,H.13, S.837-843)

Malinin, S.A.: Rechtsformen der internationalen Zusammenarbeit auf dem Gebiet der friedlichen Ausnutzung der Atomenergie. (Sov.gos.pravo,1957,H.7, S.122-127)

Meißner, W.: Über die XII.Tagung der ECE.(Dt.Auss.pol.,1957,H.7, S.551-559)

Michal,V.: Zur neuen tschechischen Übersetzung der Charta der Vereinten Nationen.(Pr.,1957,H.6, S.529-543)

Mrázek,I.: Die Weltförderation der UN-Gesellschaften,Richtung und Bedeutung ihrer Tätigkeit in letzter Zeit.(Čas.pro mez.pr.,1957,H.2, S.185-189)

Pahl,G.;K.Becher: Zum Verhalten der Vereinten Nationen im Falle Ägypten. (St R,1957,H.6, S.629-642)

Panse: Die Bedeutung der Handelsabkommen zwischen den sozialistischen Ländern und der Deutschen Demokratischen Republik.(Ahdl.,1957, H.11, S.385-387) 13

Rhenisch,C.: Die Organisation der Vereinten Nationen.(Dem.u.R.,1957, H.3, S.102-109)

Rigin,J.: Nach der Londoner Commonwealth-Konferenz.(N.Zeit,1957, H.29, S.9-11)

Schaffer, G.: Die Bilanz von Colombo.(Dt.Auss.pol.,1957,H.8,S.660-665)

Šuršalov,V.(Schurschalow,W.): Die Rechtsgrundlagen der Gültigkeit internationaler Verträge. (P.i P.,1957,H.3, S.456-468)

Skubiszewski, K.: Gdańsk im Völkerrecht in der Periode von 1919 - 1939. (Mit franz.Résumé) (Cz.Pr.-Hist.,1956,Bd 8,H.1, S.258-272) 5

Slavík, Z.F.: Bemerkungen zu den Kernwaffenversuchen auf dem offenen Meer und zum Verbot der Kernwaffen überhaupt.(Pr.,1957,H.6, S.543-549)

Slavík, Z.F.: Die Eisenhower-Doktrin ist mit den Prinzipien der UN-Charta unvereinbar.(Pr.,1957,H.4, S.351-355)

Regierungsverhandlungen UdSSR - Bundesrepublik (Sowjetische Note vom 6.Juli 1957) (ddz,1957,H.147, Sp.1-4)

Verhandlungen DDR-Volksrepublik Polen bestätigen Einheit des sozialistischen Lagers. (ddz,1957,H.146,S.1-9)

Steiniger, P.A.: Der Appell von Colombo und das Völkerrecht. (NJ,1957,H.15, S.457-458)

Steiniger, P.A.: Über die Politik der friedlichen Koexistenz. (Einh.,1957,H.6, S.727-736)

Uustal',A.T.: Die Grundfragen der rechtlichen Regelung der territorialen Gewässer. (Sov.gos.pravo, 1957,H.6, S.71-79)

Vassiljev, D.(Wassiljew,D.): Japan und die asiatischen Länder. (N.Zeit, 1957,H.25, S.6-8)

Vassiljev,P.(Wassiljew,P.): Politik der Koexistenz, praktisch angewandt. (Betr.: Sowjetisch-finnische Beziehungen).(N.Zeit, 1957,H.14, S.3-5)

Voss, H.: Das Damoklesschwert des Atomkrieges.(Dt.Auss.pol.,1957, H.8, S.639-643)

Voss,H.: Der Vertrag über die Bildung der "Euratom".(Dt.Auss.pol., H.6, S.477-481)

Der Warschauer Vertrag und der europäische Frieden.(Dt.Auss.pol., 1957,H.7, S.529-533)

Wünsche, H.: Der "Gemeinsame Markt" untergräbt die Souveränität der Teilnehmerstaaten. (Dt.Auss.pol.,1957,H.7, S.569-574)

Zehrer,H.;J.Daniel;B.Leverenz: Adenauers Politik der Stärke führt nicht zur Wiedervereinigung.(ddz,1957,H.146, S.27-35) 7

Zilliacus,C.: England und die Abrüstung.(Mežd.žizn, 1957,H.6, S.58-68)

7.Staatsrecht

Alampiev,P.(Alampijew,P.): Der Sieg der Leninschen Nationalitätenpolitik in der UdSSR. (Vopr.ekon.,1957,H.3, S.3-15)

Die nationale Befreiungsbewegung Algeriens. (Einh.,1957,H.6, S.749-758)

Andrä, L.: Richtige Arbeit mit Wähleraufträgen. (Dem.Aufb.,1957,H.15, S.371-372) 9

Baerwald,S.: Die Wahlen in Indien.(Dt.Auss.pol.,1957, H.7,S.584-593)

Berndt,A.: Unsere gemeinsamen Kandidatenlisten.(Nat.,1957,H.6,S.389-399)

Bílek,F.: Die Wahlen zu den Nationalausschüssen.(Soc.zák.,1957,H.3, S.150-155)

Bouhali,L.: Die algerische nationale Béfreiungsbewegung.(Nová mysl, 1957, H.6,S.528-537) 6

Burger, H.: Die Politik der KPD zu den Bundestagswahlen.(Einh.,1957, H.6, S.681-690)

Donner, B.: Das westdeutsche Gesetz über die Regelung der Fragen der Staatsbürgerschaft. (Čas.pro mez.pr., 1957, H.2, S.175-178)

Feix, G.: Die örtlichen Organe im Arbeiter- und-Bauern-Staat. (Arb., 1957, H.6, S.19-22) 9

Glückauf, E.: Einige Aspekte der Bundestagswahlen. (Dt.Auss.pol., 1957, H.6, S.470-476)

Gončarov, V.(Gontscharow, W.): Die Regierungskrise in Italien. (N.Zeit, 1957, H.26, S.3-4)

Görner, K.: Die Bundesrepublik - ein Rechtsstaat? (Schöffe, 1957, H.7, S.193-199)

Gromakov, B.S.: Das Gesetz vom Jahre 1954 über die Kontrolle der kommunistischen Tätigkeit in den USA, ein Angriff auf die demokratischen Rechte des amerikanischen Volkes.(Sov.gos.pravo, 1956, H.4, S.101-109; deutsch: RID, 1957, H.15, Sp.456-466)

Gromakov, B.S.: Die gegenwärtige Stellung des Präsidenten in den USA. (Sov.gos.pravo, 1957, H.5, S.142-152; deutsch: RID, 1957, H.15, Sp.449-456)

Halbritter, W.; H.Sandig: Die Grundlage der Arbeit unserer Volksvertretungen ist der Plan. (N.Weg, 1957, H.13, S.793-798)

Haupt, L.: Das Gesetz über die örtlichen Organe der Staatsmacht und die Wahlen stärken die örtlichen Volksvertretungen.(St R, 1957, H.5, S.453-470)

Hromada, J.: Die Wahlen in die Nationalausschüsse. (Pr.obz., 1957, H.5, S.257-259)

Ignatenko, G.W.: Der Nationale Volkskongress - das höchste Organ der Staatsgewalt der Volksrepublik China.(Sov.gos.pravo, 1957, H.2, deutsch: Sov.Wiss.GB, 1957, H.6, S.689-702)

Kerimov, D.A.; I.D.Silberman: Zur Entwicklung des bürgerlichen Parlamentarismus in der Epoche des Imperialismus.(Vestnik Leninsgr. Univ. Seńa ek., fil.i prava, 1957, H.5; deutsch: RID, 1957, H.15, Sp.439-449) 3

Klokočka, V.: Zur neuen Verfassung Ägyptens. (Pr., 1957, H.6, S.557-558)

Kröger, H.: Die Abgeordnetengruppen der Volksvertretungen.(Dem.Aufb., 1957, H.13/14, S.326-329)

Krüger, U.: Demokratie und Wahlrecht.(Dem.Aufb., 1957, H.11, S.268-270)

Krüger, U.: Zur historischen Entwicklung des Kommunalwahlrechts in Deutschland. (St R, 1957, H.6, S.553-567) 5

Lungwitz, W.: Die Demokratie der Arbeiter- und -Bauernmacht. (Bemerkungen zu einer Schrift von Prof. Dr.Polak).(NJ, 1957, H.11, S.324-326)

Matern, H.: Die nächsten Aufgaben.(Betr.: Aufgaben der örtlichen Organe der Staatsmacht. (Dem.Aufb., 1957, H.13/14, S.303-305) 9

Matern, H.: Die politische Führung der Massen durch die Organe der Staatsmacht. (Dem.Aufb., 1957,H.12, S.279-280) 9

Meinicke-Kleint, M.: Marokko heute. (Dt.Auss.pol.,1957,H.8,S.665-672)

Meister,R.: Der Wahlmechanismus für die Wahlen zum dritten Bonner Bundestag. (Einh.,1957,H.6, S.759-763)

Merapi: Die Entwicklung in Indonesien.(Dt.Auss.pol.,1957,H.7,S.594-605)

Monin, D.: Bonn vor den Wahlen. (N.Zeit,1957,H.25,S.9-11)

Richtlinie für die Geschäftsordnungen der örtlichen Volksvertretungen. (Entwurf). (Dem.Aufb.,1957,H.13/14,S.323-325) 9

Pietrzak, M.: Das Problem der Redefreiheit im bürgerlich-feudalen Polen in den Jahren 1918-1926. (Mit franz.Résumé) (Cz.Pr.-Hist.1956, Bd 8,H.2, S.99-156) 5

Polak, K.: Die Volksvertretungen als politische Leitungsorgane. (St R,1957,H.5, S.437-452) 9

Pötschke, G.: Zur jüngsten Entwicklung in der Volksrepublik Polen. (Dt.Auss.pol.,1957,H.8, S.650-656)

Popova,T.N.(Popowa,T.N.): Das neue Wahlgesetz der Bundesrepublik Deutschlands. (Sov.gos.pravo,1957,H.6, S.121-124)

Reitanz,G.: Die staatsrechtliche Entwicklung Indonesiens seit 1945. (St R,1957,H.5, S.497-520)

Rumpf,W.: Zu den Rechten der örtlichen Volksvertretungen auf dem Gebiete der Finanzwirtschaft.(Dem.Aufb.,1957, H.15, S.369-371) 10

Rumpf,W.: Die Volksvertretungen sind auch auf dem Gebiete der Finanzwirtschaft die bestimmenden Machtorgane unseres Arbeiter- und Bauern-Staates. (DFW,1957,H.14, Ausg.Staatsh.,S.417-419) 10

Savenkov, N.T.(Sawenkow,N.T.): Die grundlegenden Formen der Tätigkeit des Deputierten des örtlichen Sowjets. (Erschienen in Moskau 1956; deutsch: RID,1957,H.9/10, Sp.249-304) 9

Schmidt,M.: Die Ausschaltung der Kommunalvertretungen in der Bundesrepublik. (Dem.Aufb.,1957, H.13/14,S.349; H.15,S.387) 9

Schmidt, M.: Monopolherren und "freie Wahlen". (Dem.Aufb.,1957,H.11, S.271-274; H.12, S.289-290)

Schneider, S.: Die zeitweiligen Kommissionen der örtlichen Volksvertretungen. (Dem.Aufb.,1957,H.15, S.385-386) 9

Schneider,S.: Der Wählerauftrag in der Deutschen Demokratischen Republik. (St R, 1957,H.6, S.568-579) 9

Schönherr,K.: Die Entrechtung des amerikanischen Senats im Treaty-Making-Verfahren. (St R, 1957,H.5, S.471-485)

Sergejewa,N.;L.Besymenski: Ein nicht nur österreichisches Problem. (Betr.Verstaatlichungsmassnahmen in kapitalistischen Ländern.) (N.Zeit,1957,H.30,S.13-16)

Šnejdárek, A.: Neue Probleme im Zusammenhang mit der Remilitarisierung der Bundesrepublik.(Nova mysl,1957,H.5, S.464-475)

Sorgenicht, K.: Die führende Rolle der Partei in den Organen der Staatsmacht. (N.Weg,1957,H.14, S.851-857)

Richtlinie für die Ordnung der Arbeit der ständigen Kommissionen der örtlichen Volksvertretungen.(Entwurf).(Dem.Aufb.,1957,H.13/14, S.321-323) 9

Steiniger,A.: Wem mißfällt unsere Verfassung? (Arb.,1957,H.7,S.6-9)

Thamm,J.u.a.: Zu einigen Fragen der Wirtschaftstätigkeit der örtlichen Volksvertretungen und Staatsorgane. (Wirtsch.Wiss.,1957,H.4, S.481-488) 9

Weber, A.: "Freie Wahlen"und was dahintersteckt. (N.Zeit,1957,H.29, S.15-16)

Werner,K.H.: Die Funktion der Sperrklauseln im Wahlrecht und ihre Grundgesetzwidrigkeit. (NJ,1957,H.14, S.436-441)

Zagladin,V.(Sagladin,W.): Was die Regierungskrise in Frankreich lehrt. (N.Zeit,1957,H.27, S.3-6)

Záhoř,J.: Frankreich und Algier. (Nova mysl,1957,H.5, S.435-447) 6

Zatorski,A.: Für eine Volksfront in Polen.(Nowe Drogi, 1957,H.6, S.130-139)

Žourek,J.: Zur Frage des Weiterbestehens des österreichischen Staates in der Zeit zwischen 1938-und 1945. (Čas.pro mez.pr.,1957,H.2, S.113-122)

8.Gerichtsverfassung (einschließlich Staatsanwaltschaft, Justizverwaltung, Notariat u.Anwaltschaft)

Borodin,S.V.;A.J.Grun: Zur Frage über die Reform der Gerichtsverwaltung und des Untersuchungsapparates in der UdSSR. (Sov.gos.pravo, 1957,H.7, S.89-98)

Bratus,S.N.;A.N.Mischutin;N.K.Morosov: Zur Struktur und zu den Formen der Tätigkeit der Justizorgane in der Volksrepublik China. (Sov.gos.pravo,1957,H.2, S.53-60; deutsch: RID,1957,H.12, Sp.362-370)

Cukierski,K.: Rechtshilfevertrag zwischen der Volksrepublik Polen und der Deutschen Demokratischen Republik.(NJ,1957,H.12, S.353-354) 6

Dillhöfer,G.: Vorschläge zur Änderung der Schiedsmannsordnung. (Schöffe,1957,H.7, S.203-207)

Görner, K.: Justizaussprachen und Berichterstattung der Gerichte. (St R, 1957,H.6,S.661-667)

Norden,A.: Naziblutrichter im Justizapparat der Bundesrepublik. (Dem.u.R.,1957,H.3, S.91-98)

Ostmann,H.: Über die Organisation der Justizverwaltung.(NJ,1957, H.12, S.357-361)

Perlov, I.D.: Die Reform der Justizverwaltung in der UdSSR muß zu Ende geführt werden. (Sov.gos.pravo,1957,H.1, S.13-26; deutsch: RID,1957,H.12, Sp.341-355)

Ranke,H.: Bei Freunden zu Besuch. (Betr.:Arbeit der Justizorgane in der ČSR).(NJ,1957,H.12,S.354-357)

Smirnov,L.N.(Smirnow,L.N.): Die neue Verordnung über das Oberste Gericht der UdSSR und sein erstes Plenum.(Sov.gos.pravo,1957,H.7, S.22-31)

Tarassenko,F.G.: Die Vervollkommnung der Justizverwaltung in der UdSSR. (Sov.gos.pravo,1956,H.9, S.38-44; deutsch: RID,1957,H.12, Sp.355-362)

Tarjane,T.: Das Gerichtssystem in Finnland.(J.N.,1957, H.3, S.423-426)

Veleta,L.: Die Erweiterung und Vertiefung der Beteiligung der Volksrichter an der Ausübung der Gerichtsbarkeit.(Soc.zák.,1957,H.5, S.273-281)

Wierzbowski,E.;H.Sadokierski: Von den Schöffenwahlen in Polen. (Schöffe, 1957,H.6, S.166-170)

Winawer, W.: Um den Platz der Staatsanwaltschaft im System der Staatsorgane.(N.P.,1957,H.6, S.14-25)

9.Verwaltungsrecht und Allgemeine Aufsicht des Staatsanwalts

Böhme,L.;H.Rätze;G.Thole: Können nur die Räte der Kreise volkseigene örtliche Betriebe leiten? (Dem.Aufb.,1957,H.13/14, S.308-310)

Eberdt,W.;F.Schätz: Nochmals: Kann Einspruch auch beim Leiter eines Fachorgans des örtlichen Rates eingelegt werden? (NJ,1957,H.13, S.402-404)

Freund,E.;R.Sonntag: Grundfragen der Arbeitsordnungen der örtlichen Räte. (Dem.Aufb.,1957,H.13/14, S.335-339)

Glaser,E.: Die Einfamilienhäuser bei der neuen Wohnraumbewirtschaftung. (Soc.zák.,1957,H.6, S.360-367) 13

Haiduc,N.: Für die Erweiterung der Kompetenz der Stadtvolksräte auf dem Gebiet der Leitung der Kommunalwirtschaft.(Probl.econ.,1957,H.3, S.70-80)

Hannemann,H.: Die örtlichen Volksvertretungen und ihre Räte leiten mit Hilfe der Plankommissionen die Ausarbeitung der Pläne für 1958. (Dem.Aufb.,1957,H.11, S.248-250) 7

Hoffmann,T.: Verantwortlichkeit der Jugendlichen im Verwaltungsverfahren oder Erziehung? (N.P.,1957,H.6, S.96-99)

Itin,L.;S.Kamenicer(Kamenizer,S.): Die neuen Formen der Leitung der Industrie und einige Fragen über die Arbeitsorganisation der Betriebe. (Vopr.ekon.,1957,H.5, S.29-37)

Kleyer,H.;R.Hahn;W.Linke: Die Einheit von Politik und Ökonomik in den örtlichen Plänen. (Dem.Aufb.,1957,H.13/14, S.311-313)

Kogan, M.E.: Über die Kodifizierung des sowjetischen Bergbaugesetzes. (Sov.gos.pravo,1957,H.6, S.91-100)

Koslov,T.: Die neuen Formen der Leitung der Industrie und des Bauwesens in der Sowjetunion.(Einh.,1957,H.7, S.838-849)

Lange,U.;G.Nultsch: Planung und Statistik.(Stat.Prax.,1957,H.5, S. 83-86)

Die neue Organisation der Leitung der Industrie und die wirtschaftlichen Kader.(Kommunist,1957,H.8, S.3-9)

Das Gesetz über die weitere Vervollkommnung der Organisation der Leitung der Industrie und des Bauwesens. (Sov.gos.pravo,1957,H.6, S.3-10)

Löbe,G.: Kritische Bemerkungen zum Entwurf des Gesetzes über die Deutsche Volkspolizei. (Vpol.,1957,H.14, S.14-15)

Mellentin,F.: Die Durchführung der Aufgaben der Landwirtschaft eingehend erklären und gut organisieren.(Dem.Aufb.,1957,H.11, S.252-254) 16

Mstislavskij, P.(Mstislawskij,P.): Über die Räte der Volkswirtschaft. (Probl.econ.,1957,H.4, S.136-142)

Neugebauer, W.: Wichtige Aufgaben der örtlichen Organe der Staatsmacht auf dem Gebiete der Volksbildung.(Dem.Aufb.,1957,H.11,S.257-260)

Nicolaescu,M.: Die Bedeutung der Leninschen Lehre über die Planung in der sozialistischen Volkswirtschaft.(Probl.econ.,1957,H.4, S.24-38)

Omarovskij,A.(Omarowskij,A.): Über einige Fragen der Organisation der Verwaltung und Planung in der Industrie der UdSSR.(Probl.econ., 1957,H.4, S.64-74)

Pawlak,A.: Zur Schaffung eines Gesetzes über die Deutsche Volkspolizei.(Vpol.,1957.H.11,S.21-22; H.12, S.15-17;H.13,S.18-20)

Pischner,H.: Die örtlichen Organe und das sozialistische Kulturleben. (Dem.Aufb.,1957,H.11, S.260-263)

Schulze, W.: Die Anleitung der Haus- und Straßenvertrauensleute durch die örtlichen Räte.(Dem.Aufb.,1957,H.13/14, S.318-320)

Schulze-Warnecke,D.: Zu den Aufgaben der staatlichen Organe in den Gemeinden auf dem Gebiete der Wasserwirtschaft. (Dem.Aufb.,1957, H.12, S.293-295)

Silbersack, F.: Bedeutung, Aufgaben und Arbeitsweise der Erfassungsaktivs in den Gemeinden. (Dem.Aufb.,1957,H.12, S.286-287)

Speyer,H.: Die gesetzliche Neuregelung der Gewerbetätigkeit.(Schluß). (Dem.Aufb.,1957,H.12, S.296-298)

Sterian,H.D.: Der demokratische Zentralismus und die operativ-ökonomische Selbstständigkeit der Industriebetriebe.(Probl.econ.,1957, H.4, S.39-53)

Ulbricht,W.: Über die Vereinfachung des Staatsapparates und die Änderung der Arbeitsweise der Mitarbeiter des Staatsapparates. (Dem.Aufb.,1957,H.15, S.360-367)

Thesen zum Bericht des Genossen Walter Ulbricht über die Vereinfachung des Staatsapparates und die Änderung der Arbeitsweise der Mitarbeiter des Staatsapparates. (Dem.Aufb.,1957,H.15, S.355-360)

Zirin, A.: Die Neuregelung der Wohnraumbewirtschaftung.(Pr.obz.,1957, H.4, S.230-240; H.5, S.284-293) 13

10.Finanzrecht

Ermlich,M.;H.Lein: Wege zur Verbesserung der Preiskontrolle.(DFW, 1957,H.13, S.198-200)

Gardeff,B.: Das Nationaleinkommen der Volksrepublik Bulgarien. (DFW,1957,H.12, S.184-185)

Die Gewinnbesteuerung als Mittel zur Stabilisierung des Kapitalismus und Stärkung der westdeutschen Großbourgeoisie. (Ber.Dt.Wirtsch.Inst.,1957, Ber.9,S.3-18)

Graumann,W.: Thesen zu einer neuen Staatshaushaltsordnung.(DFW,1957, H.10, Ausg.Staatsh. S.307-308)

Hänsel,R.;W.Pilz: Für eine Vereinfachung des Steuerrechtes. (DFW,1957,H.12, Ausg.Staatsh. S.377-380)

Funktion des Kredits in der DDR. (DFW,1957,H.13, Ausg.Geld u.Kred./ Vers. S.408-409) 13

Die Rolle des Kredits in der DDR. (DFW,1957,H.10, Ausg.Geld u. Kred./Vers. S.313-314) 13

Malyšev,I.(Malyschew,I.): Einige Fragen der Preisbildung in der sozialistischen Wirtschaft.(Vopr.ekon.,1957,H.3, S.93-105)

Nästase,M.: Die Evolution des Banksystems in unserem Lande. (Probl.econ.,1957,H.1, S.71-82)

Pauligk, K.: Der demokratische Zentralismus und die örtlichen Haushalte. (DFW,1957,H.11, Ausg.Staatsh. S.321-325; H.12,S.353-357; H.13, S.391-393)

Rumpf,W.: Die volkswirtschaftliche Bedeutung der Festpreisbildung und die Aufgaben und Arbeitsmethoden der Arbeitskreise bei der Schaffung des Festpreissystems. (DFW,1957,H.14, S.211-222)

Schützenmeister, H.: Die Haushaltskontrolle durch die Volksvertretungen und die rechtliche Wirkung der Erteilung der Haushaltsentlastung. (Schluß). (Dem.Aufb.,1957,H.12, S.297-298) 7

Seydewitz, M.: Bericht des Haushalts-und Finanzausschusses an die Vokskammer über den Staatshaushaltsplan 1957. (DFW,1957,H.11,S.165-170)

Slovinský, A.: Die Änderungen bei der Einkommensteuer der Genossenschaften und anderer Organisationen. (Pr.obz.,1957,H.6, S.366-372)

Sochacka-Krysiakowa, H.: Einige Probleme der Entwicklung der Lohnsteuer in Polen. (P.i P.,1957,H.3, S.564-579)

Stănescu, V.: Der Staatshaushalt der Volksrepublik Rumänien. (J.N.,1957, H.3, S.389-422)

Svoboda, M.: Zur juristischen Problematik des Zahlungsverkehrs mit dem Ausland. (Pr.,1957,H.5, S.434-437)

Wergo, D.H.: Die Überwachung der Staatsfinanzwirtschaft. (2.Teil). (DFW,1957,H.10, Ausg.Staatsh. S.314-316)

11.Strafrecht, Strafprozeß

Aparnikova, C.M. (Aparnikowa, Z.M.): Das Überprüfen des Gutachtens der Sachverständigen in der Gerichtspraxis. (Sov.gos.pravo,1957,H.6, S.117-120) 18

Bein, H.: Nochmals: Zu einigen Fragen der Hetze. (Vpol.,1957,H.11, S.19-20)

Beran, J.; V.Vydra: Körperverletzung und schwere Beeinträchtigung der Gesundheit. (Soc.zák.,1957,H.3, S.167-182)

Berg, W.: Gibt es gegen Einstellungen nach § 153 StPO (alt) durch das Gericht ein Rechtsmittel? (NJ,1957,H.13, S.405-406)

Breier, Š.: Die richterliche Schlußfolgerung über die Schuld. (Pr.obz., 1957,H.3, S.158-175)

Buch, H.; C.Wesner: Für die Anwendung des Adhäsionsverfahrens in Jugendstrafsachen. (NJ,1957,H.14, S.430-432)

Buchholz, E.: Einige Bemerkungen zur westdeutschen Rechtsprechung in Strafsachen. (NJ,1957,H.11, S.334-339)

Buchholz, E.: Sind Angestellte der Deutschen Post und der Reichsbahn Amtspersonen i.S.der §§ 331 ff. StGB? (NJ,1957,H.13, S.393-398)

Burda, A.: Die Auslegung der Bestimmungen des § 17 StGB. (Soc.zák., 1957, H.5, S.288-293)

Burda, A.: Zur Frage, inwieweit der erschwerende Umstand des "Rückfalls" und der besonders erschwerende Umstand des "Verbrechensrückfalls" einem Täter angerechnet werden kann, der so angesehen wird, als sei er nicht verurteilt worden. (Soc.zák.,1957,H.4,S.249-251)

Burda, J.: Zur Auslegung des Verbrechens der eigenmächtigen Entfernung von der Truppe. (Pr.obz., 1957,H.6, S.373-377)

Burda,J.: Zu dem Begriff"... wird der Täter so angesehen, als ob er nicht verurteilt wäre". (Soc.zák.,1957, H.4, S.245-249)

Celiński,W.: Weiteres über die Bestimmungen betr. Entschädigung für die zu Unrecht erfolgte Verurteilung, Anklage und Festnahme. (N.P.,1957, H.6, S.92-95)

Daszkiewicz, W.: Das Recht des Geschädigten, als Ankläger aufzutreten und die Strafprozessreformen zwischen den Kriegen in Polen. (Cz.Pr.-Hist.1956, Bd 8, H.2, S.157-182)

Daszkiewicz, W.: Versuche von Strafprozessreformen im Königreich Polen. (Mit franz.Résumé) (Cz.Pr.-Hist.,1956,Bd 8, H.1,S.2o9-257) 5

Donner,B.: Der Rechtsverkehr mit dem Ausland nach der neuen Strafprozeßordnung. (Soc.zák.,1957,H.6, S.337-344)

Fritzsche,H.: Zum räumlichen Geltungsbereich der Strafgesetze der Deutschen Demokratischen Republik. (St R, 1957,H.4, S.391-399)

Froß, M.: Ideologische Klarheit schaffen. (Zur Bekämpfung der Staatsverbrechen). (Vpol.,1957,H.11, S.16-17)

Gemrich,J.: Die Stellung des Geschädigten und die Entscheidung über seinen Anspruch im Strafverfahren. (Soudce z lidu, 1957,H.6,S.89-91) 13

Gemrich,J.: Die vorläufige Verhandlung der Anklage.(Schluß). (Soudce z lidu, 1957,H.4, S.58-61)

Haalck,J.: Die Fememorde. (St R, 1957,H.5, S.521-530) 5

Hartmann,A.;M.Naundorf: Einige praktische Probleme des Ermittlungsverfahrens. (NJ,1957,H.13,S.399-400)

Hatala, V.: Über das Verschulden des Beteiligten bei seiner Verantwortlichkeit nach einem höheren Strafmaß.(Pr.obz.,1957,H.5,S.276-284)

Herrmann,R.;M.Lehmann: Zum Recht auf Verteidigung.(St R,1957,H.4, S.400-407)

Holub,R.: Zur Problematik des § 22 Abs. 2 und § 30 StGB.(Betr.Zusatzstrafen und Strafherabsetzung). (Soc.zák.,1957,H.4, S.242-245)

Jestřáb,M.: Zu einigen Fragen der Verbrechen der Vernachlässigung der Unterhaltspflicht. (Soc.zák.,1957,H.6, S.345-353) 17

Kafarski,A.: Die Notwendigkeit der Änderung der außerordentlichen Revision. (N.P.,1957,H.6, S.26-39) 18

Kühlig,G.;R.Herrmann: E.Kermann, Materialien zum Strafrecht,Bes.Teil, Heft 4, "Verbrechen gegen die Volkswirtschaft". Berlin 1955.(Rez.). (St R, 1957,H.4, S.4o8-418)

Lazarovici, F.: Zur Änderung der Strafprozeßordnung in der Frage der Einleitung eines Strafverfahrens, auf Grund eines vorherigen Strafantrages.(J.N.,1957,H.3, S.456-561)

Lekschas, J.: J.Renneberg, Die kriminalsoziologischen und kriminalbiologischen Lehren und Strafrechtsreformvorschläge Liszts und die Zerstörung der Gesetzlichkeit im bürgerlichencStrafrecht.(Rez.) (St R, 1957,H.5, S.543-552)

Leonieni,M.: Über die bedingte Strafaussetzung im Entwurf des Strafgesetzbuches der Volksrepublik Polen (Art.66-69).(P.i P.,1957,H.3, S.548-563)

Lukaszkiewicz, Z.: Um die richtige Auslegung der Bestimmungen über die Entschädigung für die zu Unrecht erfolgte Verurteilung und den unbegründeten Freiheitsentzug. (N.P.,1957,H.6, S.55-65)

Manecke,K.;H.Sahre: Hehlerei und Sachbegünstigung nach dem Volkseigentumschutzgesetz. (St R, 1957,H.5, S.486-496)

Mankovskij, B.S.: Zur Frage des Objekts des Verbrechens im sozialistischen Strafrecht. (Pr.,1957,H.5, S.418-426)

Mankovskij,B.S.: Der Kampf des Materialismus gegen die subjektivistisch-idealistischen Einflüsse in der sozialistischen Strafrechtswissenschaft. (Pr.obz.,1956,H.8, S.449-460; deutsch: RID,1957,H.13,Sp.371-382)

Müller,W.: Die Prüfung der strafrechtlichen Verantwortlichkeit Jugendlicher nach § 4 JGG. (NJ,1957,H.14, S.423-429)

Noack,J.: Zum Parteiprinzip im Strafprozeß der DDR. (NJ,1957,H.11, S.340-344)

Orlov,V.S.(Orlow,W.S.): Zur Frage der Verantwortlichkeit für das Bestehlen der Verbraucher und das Betrügen des Sowjetstaates. (Sov.gos.pravo,1957,H.6, S.91-100)

Ostroumow,S.S.: Über die Gerichtsstatistik.(Sov.gos.pravo, 1957,H.1, S.6o-68; deutsch: RID,1957,H.13, Sp.393-402)

Pauk,J.: Der "sogen." Versuch am untauglichen Objekt. (Pr.,1957,H.4, S.36o-365)

Pohalek,G.: Probleme der Jugendkriminalität.(NJ,1957,H.15,S.477-478)

Rajzman,H.: Die neuen Bestimmungen über die Entschädigung für die zu Unrecht erfolgte Verurteilung oder Anklage.(P.i P.,1957,H.3,S.539-547)

Rehse,H.: Zur Frage der Kausalität bei fahrlässiger Tötung.(NJ,1957, H.13, S.404-405)

Rivlin,A.L.(Riwlin,A.L.): Die Gesetzlichkeit und Wahrhaftigkeit des Gerichtsurteils. (Sov.gos.pravo,1957,H.7, S.114-117) 18

Schmidt,H.: Gedanken zu einer Neuregelung der Strafbestimmungen zum Schutze des gesellschaftlichen Eigentums.(NJ,1957,H.12, S.361-363)

Schubert,L.: Zum Problem der strafrechtlichen Verantwortlichkeit. (Pr.obz.,1957,H.5, S.259-276)

Schubert,L.: Der Zweck der Strafe nach § 17 des Strafgesetzbuches. (Pr.obz.,1956,H.10,S.617-628; deutsch: RID,1957,H.13, Sp.382-393)

Sifman,M.L.: Zur Einlegung der Berufung gegen Gerichtsurteile. (J.N.,1957,H.2, S.274-281)

Sliwinski,S.: Aus der Rechtsprechung des Obersten Gerichts, Strafprozeßrecht, 3.Quartal 1956. (P.i P.,1957, H.3, S.527-538)

Śliwowski,J.: Die Freiheitsstrafe im Königreich Polen und der Versuch einer Reform des Strafvollzuges. (Mit franz.Résumé) (Cz.Pr.-Hist.1956, Bd 8, H.2, S.9-74) 5

Solnař,V.:Bemerkungen zur Diskussion über den sog.Versuch am untauglichen Angriffsobjekt. (Pr.,1957,H.6, S.565-567)

Spiller,H.: Probleme des Steuerstrafrechts und des Steuerstrafverfahrensrechts. (St R,1957,H.6, S.643-660) 10

Steiner,J.: Das Adhäsionsverfahren in der neuen Strafprozeßordnung. (Pr.obz.,1957,H.6, S.356-366)

Viertes Strafrechtsänderungsgesetz - Knebelung der öffentlichen Meinung. (ddz,1957,H.145, Sp. 37-46)

Volodarskij,P.G.(Wolodarskij,P.G.): Die Einrichtung der vorfristigen Entlassung im sowjetischen Strafrecht und ihre Anwendung in der Praxis. (Sov.gos.pravo,1957,H.7, S.43-51)

Vybiral,B.: Die neuen Strafgesetze müssen richtig begriffen werden. (Pr.,1957,H.6, S.561-565)

Wilke,F.: Gibt es gegen Einstellungen nach § 153 StPO (alt) durch das Gericht ein Rechtsmittel? (NJ,1957,H.11, S.344-345)

Wolowski,J.: Schuld und Strafe. (Nowe Drogi, 1957,H.7, S.52-58)

Zlátescu,V.D.;G.Mihaescu: Einige Erwägungen im Zusammenhang mit dem Art.454 des Strafgesetzbuches. (J.N.,1957,H.2, S.269-273)

12.Kriminalistik,Gerichtliche Medizin, Gerichtspsychiatrie,-psychologie

Brandt,H.: Über Nebenspuren zur Beweisführung.(Vpol.,1957,H.13, S.12)

Dressel,R.: Kriminalistisch arbeiten - nicht administrieren. (Vpol.,1957,H.12, S.11-12)

Löbe,G.: Ohne Kriminaltechnik keine wirksame Verbrechensbekämpfung. (Vpol.,1957,H.12, S.13-14)

Ossowski,W.: Zur Frage der Kriminalistik. (N.P.,1957,H.6,S.1o2-1o5)

13.Zivilrecht

Borský, E.: Der Handelsvertreter im Lichte des französischen Rechts und der Rechtssprechung unter Berücksichtigung des internationalen Privatrechts und Prozessrechts. (Čas.pro mez.pr.,1957,H.2,S.178-184) 18,20

Busuioc,I.: Die Form der Erlangung der Rechte einer juristischen Person durch Gesellschaften, die keinen Vermögenscharakter tragen. (J.N.,1957, H.3, S.445-455)

Czachórski,W.: Die Folgen des Besitzes und dessen Schutz nach dem - geltenden Zivilrecht. (N.P.,1957,H.6, S.66-84)

Gittel,K.: Neue Perspektiven für die alten Wohnungsbaugenossenschaften. (DFW, 1957,H.13, S.194-198)

Hrdlička, J.: Die Bestimmungen des materiellen Zivilrechts im neuen Gesetz über die Wohnraumbewirtschaftung. (Soc.zák.,1957,H.4,S.2o9-220; H.5, S.281-293) 9

Kampa,O.: Zur ökonomischen Bedingtheit und rechtlichen Regelung der Verträge über den Anbau und die Ablieferung technischer Kulturen (Erfassungsverträge). (St R,1957,H.4, S.375-390)

Kempfer,H.: Fragen des Erbrechts und des Testaments.(Schöffe,1957, H.6, S.171-176; H.7, S.212-215)

Kizlinková,V.: Die Wohnansprüche eines grundlos entlassenen Beschäftigten. (Soc.zák.,1957,H.4, S.22o-235) 2,19

Kleine,H.: Nochmals zur Frage des gutgläubigen Erwerbs von Volkseigentum bei Gebrauchsgegenständen. (NJ,1957, H.11,S.327-329)

Kleine,H.: H.Hübner, Der Rechtsverlust im Mobiliar-Sachenrecht. Erlangen 1955. 152 S. (Rez.).(St R, 1957,H.4, S.427-435)

Knapp,V.: "Das Zivilrecht der DDR" (Sachenrecht). Berlin 1956.332 S. (Rez.). (Pr.,1957,H.4, S.369-373)

Kompaneec,E.S.(Kompanejez,E.S.): Die Kaution als Garantiemittel für kurzfristige Kredite der Staatsbank der UdSSR. (Sov.gos.pravo,1957, H.7, S.118-121) 10

Kratochvíl,Z.: Der Schadenersatz im Zivilrecht und im Arbeitsrecht. (Pr.obz.,1957,H.4, S.240-248) 19

Liebsch,H.: Kompensationsgeschäfte im Außenhandel der DDR. (Wirtsch.Wiss.,1957,H.4, S.5o6-514)

Müller,G.: Gewährleistung und Garantie im staatlichen Einzelhandel. (WZ Leipzig,1956/57, H.1, S.30-36)

Orlovskij, P.E.(Orlowskij,P.E.): Zur Bearbeitung der Grundlagen der Zivilgesetzgebung der Sowjetunion.(Sov.gos.pravo,1957,H.7,S.81-88)

Plank,K.: Zum Begriff der Bereicherung des Besitzers der Erbschaft. (Soc.zák.,1957,H.5, S.3o5-311)

Plank, K.: Bericht über die 2.Arbeitskonferenz über das Zivilrecht. (Pr.obz.,1957,H.4, S.253-256)

Preczkowski,J.: Der Inhalt des Beschlusses über die Feststellung des Erbanrechts - ein stets aktuelles Thema. (N.P.,1957,H.6, S.99-102)

Sommerer,B.: Wohnungsbau und Kostenmiete.(Arb.,1957,H.6,S.31-33) 9,10

Spier,A.: Hinweise zur Sicherungsübereignung. (DFW,1957,H.11,S.351)

Spiridon, V.: Die Vereinigung der Grundstücke und deren Bedeutung für die sozialistische Umgestaltung der Landwirtschaft. (Probl.econ.,1957,H.1,S.6o-7o) 16

Stark,J.: Bemerkungen zum Wohnungsmietrecht.(NJ,1957,H.13,S.4o1-4o2)

Steiner,J.: Ein Beitrag zum Prinzip der Ermäßigung nach § 358 ZGB. (Pr.obz.,1957,H.3, S.175-181)

Štulc,J.: Die Termine für die Übergabe der Projektierungsdokumente an die Lieferer von Bau-und Montagearbeiten.(Soc.zák.,1957,H.4, S.258-266) 15

Szpunar,A.: Das Verhalten des Geschädigten als Grundlage für die Herabsetzung der Entschädigung.(N.P.,1957,H.6, S.4o-54)

Van Su-ven (Wan Schu-wen): Diskussion der chinesischen Juristen über das Eigentumsrecht der Kapitalisten an den Produktionsmitteln in den gemischten und privaten Unternehmen.(Sov.gos.pravo,1957,H.7,S.142-144)

Virsík,A.: Die Musterstatuten der Volks-Konsumgenossenschaften. (Pr.obz.,1957,H.5, S.293-3o5)

Wasilkowski,J.: Das zeitliche Eigentum de lege lata und de lege ferenda. (N.P.,1957,H.6, S.3-13)

Winzer,R.;H.Schmidt: Sind Zechschulden jetzt einklagbar?(NJ,1957, H.12, S.375-376)

14.Urheber-und Erfinderrecht

Anders, H.: Prüfung der Unterscheidungskraft bei Warenzeichenanmeldungen. (EuV,1957,H.11, S.253-254)

Becker, G.: Vergütung von Patenten, die im Rahmen der technisch-wissenschaftlichen Zusammenarbeit in den sozialistischen Staaten benutzt werden. (EuV,1957,H.12, S.277-279)

Dommer,C.: Zur Schutzrechtspolitik der Exportbetriebe. (Ahdl.,1957, H.14, S.514-516)

Dürr,K.: Das Schicksal enteigneter Marken in der Schweiz.(EuV,1957, H.14,S.327-329) 9

Frenzel,M.: Die Kennzeichnungspflicht nach dem Warenzeichengesetz. (EuV,1957, H.11, S.254-255)

Gurjanow, P.P.: Richtlinien für die Anmeldung von Erfindungen in der Sowjetunion. (EuV,1957,H.15, S.350-353)

Milde,M.: Bemerkungen zum "Allgemeinen Abkommen über das Urheberrecht". (Pr.,1957,H.6, S.549-557)

Schakat,H.: Einige Bemerkungen zur Dauer des Patentprüfverfahrens. (EuV,1957, H.14, S.325-327)

Schakat, H.: Der Schutzumfang des Patents, insbes.im Zusammenhang mit der Prüfung auf Abhängigkeit. (EuV,1957,H.13, S.3o1-3o5)

Stühmke, H.: Zum Schutzumfang des kapitalistischen Patents.(EuV,1957, H.12, S.279-280)

Tinsz,J.: Die Patentberühmung und ihre Folgen. (EuV,1957,H.15,S.349-350)

15.Vertragssystem,Vertragsgerichtliches Verfahren

Barasch, E.: Der Bauvertrag. (J.N.,1957, H.2, S.237-268)

Eggers-Lorenz, O.: Zur Anwendung des § 281 BGB im Vertragsrecht. (NJ,1957, H.12, S.368-370)

Freidman,S.M.: Einige Fragen der Vertragspraxis.(Sov.gos.pravo,1956, H.8, S.22-33; deutsch: RID,1957, H.11, Sp.329-340)

Kanda,A.: J.Spisiak, Die Wirtschaftsverträge. Bratislava 1955.867 S. (Rez.). (St R, 1957,H.4, S.418-427)

Löffler, K.H.: Nochmals: Leihverpackung und Vertragsstrafe.(NJ,1957, H.12, S.37o-371)

Militareva,E.: Die vertragliche Verantwortlichkeit der sozialistischen Organisationen.(Voprosy sovetskogo graždanskogo prava. Pod red. D.M.Genkin. Moskau 1955, S.5-41, deutsch: RID,1957,H.11, Sp.3o5-320)

Morgulies,M.I.: Die Praxis des Staatlichen Schiedsgerichts in Streitsachen in Zusammenhang mit zentralen Bauvorhaben. (Sov.gos.pravo, 1957, H.7, S.1o8-113)

Navrátil,J.: Zur Frage der rechtzeitigen Rückgabe von Verpackungen. (Soc.zák.,1957, H.5, S.329-332)

Pavlát, J.: Sind die Rahmenverträge für die Volkswirtschaft von Bedeutung? (Pr.,1957,H.4, S.355-360)

Rossner,H.: Qualitätsgerechte Vertragserfüllung vordringlich. (DFW,1957, H.10, Geld u.Kred./Vers. S.289-291)

Spišiak, J.: Minderwertige und nicht qualitätsgerechte Erzeugnisse. (Pr.obz.,1957,H.3, S.141-158; H.4,S.2o4-217)

Spišiak, J.: Zur Frage des Wirtschaftsrechts. (Pr.,1957,H.5, S.426-432)

Spišiak,J.: Sollen die Rahmenverträge aufgehoben werden oder nicht? (Pr.,1956,H.10, S.954 ff; deutsch: RID,1957, H.11, Sp.320-329)

Švarc, C.I.: Die Besonderheiten des Transportvertrages im direkten Verkehr und im direkten kombinierten Verkehr. (Pr.,1957,H.6, S.519-529)

Svitavsky, K.: Über die Pflicht und das Recht zur Verweigerung der Abnahme vertraglicher Erzeugnisse. (Soc.zák.,1957,H.3, S.194-2o3)

Virsík,A.: Die Lieferfristen und die Ablehnung der Lieferung bei der Lieferung und Abnahme von Erzeugnissen. (Pr.obz.,1957,H.6,S.339-355)

Zahrádka,V.: Die Disziplin bei den Verbindlichkeiten.(Soc.zák.,1957, H.6, S.381-397)

16.LPG-Recht, Bodenrecht

Baier,E.: Die Rechtssprechung auf dem Gebiet des LPG-Rechts.(NJ,1957, H.15, S.463-466)

Bojarski, P.: Die Grundlagen der gesetzlichen Normierung der einfachen Formen der Kooperation. (P.i P.,1957, H.3, S.480-494)

Pavlov, I.V.(Pawlow,I.W.): Einige Fragen zur Rechtslage der Landwirtschaftlichen Produktionsgenossenschaften. (Sov.gos.pravo,1957, H.7, S.32-42)

17.Familienrecht

Ostmann,H.: Zur Richtlinie des Obersten Gerichts über die Voraussetzungen der Ehescheidung. (NJ,1957,H.15, S.459-462)

Radvanová,S.: Die Ehe und die Scheidung in der sozialistischen Gesellschaft. (Nová mysl,1957, H.7, S.630-644)

Schmißrauther, H.: Unterhaltsansprüche und ihre Durchsetzung. (II). (Schöffe,1957, H.6, S.177-178) 18

Szer,S.: Das Familienrecht - ein besonderer Rechtszweig? (P.i P.,1957, H.3, S.469-474)

Wolter, A.: Das Zivilgesetzbuch und das "Familienrecht". (P.i P.,1957, H.3, S.475-479)

18.Zivilprozeß(einschließlich Familienrechtliches Verfahren)

Blažek,B.: Die Hilfe des Volksrichters bei der Sicherung des Unterhaltsbeitrages für minderjährige Kinder bei zwangsweiser Beitreibung. (Soudce z lidu, 1957, H.5, S.65-67)

Čerepachin,B.B.(Tscherepachin,B.B.): Streitfragen des Begriffes und der Wirkung der Verjährung einer Klage. (Sov.gos.pravo,1957,H.7, S.62-70)

Ceška,Z. Die Unzulässigkeit der Wiederaufnahme des Verfahrens nach § 199 ZPO. (Soc.zák.,1957, H.5, S.293-304)

Češka, Z.: Wie das Zivilprozeßrecht die ökonomische Ausnutzung des Volksvermögens und des Vermögens der Volksgenossenschaften unterstützt. (Pr.,1957, H.5, S.400-418)

Dillhöfer,G.: Ist der Offenbarungseid noch zeitgemäß? (NJ,1957,H.14, S.432-434)

Gudat,E.;K.Cohn: Zu einigen Fragen des Arrestverfahrens. (NJ,1957, H.13, S.406-407)

Heiland,J.: Anwaltsgebühren für einstweilige Anordnungen im Eheprozeß? (NJ,1957, H.14, S.434-436) 8

Hrdlička,J.: Das Gerichtsverfahren in Sachen des Gesetzes über die Wohnraumbewirtschaftung. (Soc.zák.,1957, H.3, S.155-167) 9

Judel'son,K.S.: Zur Frage über die Grundlagen der Gesetzgebung über die Zivilprozeßordnung. (Sov.gos.pravo, 1957,H.6, S.80-90)

Krajný, F.: Ein Beitrag zur Frage der Verfahrenskosten bei der Scheidung nach § 30 Abs.4 Gesetz über das Familienrecht. (Soc.zák.,1957, H.6, S.377-379)

Kulaszewski,W.: Die "Konten"-Pfändung in der Zwangsvollstreckung. (DFW, 1957,H.12, Ausg.Geld u.Kred./Vers. S.383)

Langerbein, E.: Bedarf das Urteil in Entscheidung nach Aktenlage der Verkündung? (NJ,1957, H.11, S.345-346)

Masewicz,W.: Ist die Teilnahme des Staatsanwalts am Zivilprozeß nötig? (N.P.,1957, H.6, S.85-89) 8

Pávek,F.: Zur Gerichtspraxis im Mahnverfahren. (Soc.zák.,1957,H.6, S.367-373)

Pažout,A.: Die Zwangsvollstreckung, die nicht den ganzen pfändbaren Teil des Gehalts betrifft. (Soc.zák.,1957, H.4, S.252-255)

Schuldt,W.: Zur Bedeutung der Erklärungspflicht der Parteien bei der Aufklärung des Sachverhalts im Zivilverfahren. (NJ,1957,H.15,S.467-470)

Štajgr, F.: Ist der Inkassoauftrag ein Vollstreckungstitel? (Pr.,1957, H.4, S.365-369)

Steiner,V.: Zum Begriff des Verfahrens in Zivilsachen.(Soudce z lidu, 1957,H.5, S.73-76)

19.Arbeitsrecht und Arbeitsrechtliches Verfahren

Chyský, J.: Das Arbeitsgesetzbuch wird vorbereitet. (Pr.,1957,H.4, S.310-325)

Chyský,J.: Die Umgestaltung der Sozialversicherung in der Tschechoslowakei. (St R,1957, H.5, S.531-538)

Dogadov, V.M.(Dogadow,W.M.): Das Recht auf Kündigung auf eigenen Wunsch des Arbeiters. (Sov.gos.pravo, 1957,H.6, S.52-61)

Eliáš,J.;V.Fábry: Die Arbeitsrechtsverhältnisse der Nichtmitglieder in der Landwirtschaftlichen Einheitsgenossenschaft.(Pr.,1957,H.6, S.500-519) 16

Epštejn,A.L.(Epschtejn,A.L.): Die neue Untersuchungsordnung in Arbeitsstreitsachen. (Sov.gos.pravo,1957, H.7, S.52-61)

Feiler, G.: Über die Funktion der fristgemäßen Kündigung. (NJ, 1957, H.12, S.367-368)

Franke, K.: Zu einigen Fragen der betrieblichen Prämiensysteme für Produktionshilfsarbeiter. (ArbR, 1957, H.7, S.173-176)

Glazer, E.: Zu einigen arbeitsrechtlichen Beziehungen im neuen Gesetz über die Krankenversicherung. (Pr.obz., 1957, H.4, S.193-2o4)

Görner, K.: Die Lohnzahlung und das Betriebsrisiko in westdeutschen Betrieben. (ArbR, 1957, H.7, S.171-172)

Grünberg, G.: Was beim Einreichen einer Klage zu beachten ist. (ArbR, 1957, H.7, S.182-183)

Hackel, R.: Arbeitsrechtsaktivs und Kommissionen für Arbeitsrechtsfragen - Hilfsorgane der gewerkschaftlichen Zwischenleitungen. (Arb., 1957, H.6 (Beil.), S.5-7)

Hromada, J.: Zur Frage des Gegenstandes und des Systems des Arbeitsrechts. (Pr.obz., 1957, H.5, S.305-309)

Hromada, J.: Zum Gesetz über die Sozialversicherung. (Pr.obz., 1957, H.4, S.217-230)

Hromada, J.: Die Krankenversicherung der Beschäftigten. (Pr.obz., 1957, H.3, S.129-141)

Hromada, J.: Zu den neuen rechtlichen Regelungen auf dem Gebiete der Sozialversicherung. (Pr., 1957, H.5, S.385-400)

Jackowiak, C.: Die Frage der Stabilität des Arbeitsrechtsverhältnisses. (P.i P., 1957, H.3, S.5o8-526)

Kirmse, G.u.a.: Zur Neufassung der Konfliktkommissionsverordnung. (ArbR, 1957, H.7, S.184 u.186-189)

Kostečka: Bericht über die Arbeitsrechtskonferenz. (Pr., 1957, H.5, S.468-476)

Kowollik, B.; G.Grünberg: Abgrenzung des Arbeitsrechtsverhältnisses vom Zivilrechtsverhältnis. (NJ, 1957, H.12, S.364-366) 13

Kowollik, B.: Der Abschluß des Arbeitsvertrages in der Deutschen Demokratischen Republik. (Schluß). (ArbR, 1957, H.6, S.156-157)

Kratochvíl, Z.: Der Schadenersatz im Zivilrecht und im Arbeitsrecht. (Pr.obz., 1957, H.4, S.24o-248) 13

Kügow, W.: Quantität-Qualität-Arbeitsnorm. (Arb., 1957, H.6, S.43-45)

Landeck, E.: Zur Vorbereitung der Arbeitsrechtskonferenz der IG Örtliche Wirtschaft. (Arb., 1957, H.6 (Beil.), S.1-4)

Tagung der Abteilung Arbeitsrecht des Deutschen Instituts für Rechtswissenschaft. (Betr.: Materielle Verantwortlichkeit der Werktätigen im sozialistischen Handel). (ArbR, 1957, H.6, S.162-163)

Motl, V.: Zu Fragen der Ansprüche unbegründet entlassener Beschäftigter. (Soc.zák., 1957, H.6, S.353-359)

Müller,A.: Die Arbeitszeitverhältnisse in der westdeutschen Industrie. (Einh.,1957,H.7, S.872-878)

Paul, H.: Die Behandlung von Streitigkeiten aus Lehrverträgen. (ArbR, 1957,H.6, S.143-146)

Schmidt,H.: Der Haftpflichtversicherungsschutz für die volkseigenen Industriebetriebe bei Betriebsunfällen. (ArbR, 1957,H.6, S.146-149) 13

Schneider,R.: Gedanken über das sozialistische Arbeitsrecht und die Volkswahlen. (ArbR, 1957,H.6, S.141-143) 7

Schulz, W.: Zur Beendigung von Rechtsstreitigkeiten durch Anerkenntnisurteil. (ArbR,1957,H.7, S.176-177)

Spálenka, A.: Die juristische Bedeutung des Reverses bei der Gewährung der Heilfürsorge. (Soc.zák.,1957,H.5, S.311-320)

Tatarkówna-Majkowska, M.:Z.Grzelak: Verschiedene Probleme der Arbeiterräte. (Nowe Drogi,1957,H.7, S.34-45) 9

Tauschke, E.: Zu einigen arbeitsrechtlichen Fragen bei der Einführung der 45-Stunden-Woche. (Arb.,1957,H.7 (Beil.), S.1-4)

Theek,K.: Zum Jugendarbeitsschutz. (NJ,1957, H.15, S.479-481) 9

Die Diskussion um neue Versicherungsformen.(DFW,1957, H.10,Ausg.Geld u.Kred./Vers. S.317-319)

Viertel, G.: Wer hat Anspruch auf eine Prämie? (Arb.,1957,H.7(Beil.), S.4-7)

20.Internationales Privatrecht

Kalenský,P.: Zu allgemeinen Fragen des sogen.internationalen Prozeßrechts. (Pr.,1957,H.4, S.326-340)

21.Sonstiges

Nathan,H.;H.Püschel: Die Gesetzgebung der Deutschen Demokratischen Republik.(1.u 2.Quartal 1957). (NJ,1957,H.11, S.329-334; H.12,S.372-374; H.15, S.470-476)

B. BIBLIOGRAPHIE AUS ZEITSCHRIFTEN DER DEUTSCHEN BUNDESREPUBLIK

Diese Bibliographie enthält eine Auswahl einschlägiger Artikel aus folgenden Zeitschriften: 1)

AcP	= Archiv für die civilistische Praxis, Tübingen	1957,Bd.156, H.2-4
AöR	= Archiv des öffentlichen Rechts,Tübingen	1957,Bd.82,H.1
ArbuR	= Arbeit und Recht, Köln	1957,H.5-6
ARSP	= Archiv für Rechts- und Sozialphilosophie, Meisenheim/Glan	1956,Bd.42,H.4 1957,Bd.43,H.1-2
AUSS.POL.	= Außenpolitik, Stuttgart	1957,H.6-7
AVö	= Archiv des Völkerrechts, Tübingen	1957,Bd.6,H.2
B	= Der Betrieb, Düsseldorf	1957,H.20-27
BB	= Der Betriebs-Berater, Heidelberg	1957,H.14-17
DÖV	= Die Öffentliche Verwaltung, Stuttgart ..	1957,H.12-15
Dtsch.Z.gerichtl.Med.	= Deutsche Zeitschrift für die gesamte gerichtliche Medizin, Berlin ...	1957,Bd.46,H.2
DVBl.	= Deutsches Verwaltungsblatt, Köln, Berlin	1957,H.11-14
DWW	= Deutsche Wohnungswirtschaft, Düsseldorf.	1957,H.5-6
EA	= Europa-Archiv, Frankfurt/M.	1957,H.1o-14
FamRZ	= Ehe und Familie im privaten und öffentlichen Recht, Bielefeld	1957,H.6-7
GAStr.	= Goltdammer's Archiv für Strafrecht, Hamburg	1957,H.6-7
GRUR	= Gewerblicher Rechtsschutz und Urheberrecht, Weinheim	1957,H.5-6
GRUR Ausl.	= Gewerblicher Rechtsschutz und Urheberrecht, Auslands- und Internationaler Teil, Weinheim	1957,H.5-6
Int.Ib.Pol.	= Internationales Jahrbuch der Politik, München	1956/57,H.4
JR	= Juristische Rundschau, Berlin	1957,H.4-5
JZ	= Juristenzeitung, Tübingen	1957,H.10-12
Krim.	= Kriminalistik, Zeitschrift für die gesamte kriminalistische Wissenschaft und Praxis, Hamburg	1957,H.6-7
MDR	= Monatsschrift für Deutsches Recht, Hamburg	1957,H.5
MschrKrim	= Monatsschrift für Kriminologie und Strafrechtsreform, Berlin, Köln	1957,H.3-4
N.Abendl.	= Neues Abendland, Jahrbuch für Politik und Geschichte, München	1957,H.2

NJW	= Neue Juristische Wochenschrift, München, Berlin	1957,H.20-27
Öff.D.	= Der Öffentliche Dienst, Düsseldorf ...	1957,H.5-6
	Politische Studien,Monatshefte der Hochschule für Politische Wissenschaften, München	1957,H.86
RabelsZ	= Zeitschrift für ausländisches und internationales Privatrecht, Berlin	1956,H.3/4
RdA	= Recht der Arbeit, München, Berlin	1957,H.5-6
RdJ	= Recht der Jugend, Berlin	1957,H.11-14
RdL	= Recht der Landwirtschaft, Hamburg	1957,H.5-7
RiW	= Recht der internationalen Wirtschaft, Heidelberg	1957,H.5-6
SchlHA	= Schleswig-Holsteinische Anzeigen, Kiel	1957,H.6-7
SCHM.JB.	= Schmollers Jahrbuch für Gesetzgebung, Verwaltung und Volkswirtschaft, Berlin	1957,H.3
SKV	= Staats-und Kommunalverwaltung, Berlin.	1957,H.5-7
TW	= Die Teilzahlungswirtschaft, Dortmund .	1957,H.4
UFITA	= Archiv für Urheber-, Film-, Funk- und Theaterrecht, Baden-Baden	1957,Bd.23,H.5/6 1957,Bd.24,H.1-2
WRP	= Wettbewerb in Recht und Praxis,Frankfurt a.M.	1957,H.5-7
WuW	= Wirtschaft und Wettbewerb, Düsseldorf	1957,H.5-6
Z.ausl.öff.R.u.VR.	= Zeitschrift für ausländisches öffentliches Recht und Völkerrecht, Stuttgart, Köln	1957,Bd.17,H.3/4
Zbl.Jug.R.	= Zentralblatt für Jugendrecht und Jugendwohlfahrt, Köln, Berlin	1957,H.6
ZMR	= Zeitschrift für Miet- und Raumrecht, Düsseldorf	1957,H.6-7
ZSt	= Zeitschrift für die gesamte Staatswissenschaft, Tübingen	1957,Bd.113,H.2
ZV u.ZV	= Zeitungs-Verlag und Zeitschriften-Verlag, Wiesbaden	1957,H.11-12

1) Die hier aufgeführten Hefte sind gemäß der Benutzungsordnung der Bibliothek des Deutschen Instituts für Rechtswissenschaft bedingt ausleihfähig.

1.Soziologie, allgemeine Staatslehre, Rechtsphilosophie [1)]

Del Vecchio, G.: Europäische und Kosmopolitische Idee. (ARSP, 1957, Bd 43, H.1, S.1-8)

Esser, J.: Juristisches Denken. (ARSP, 1957, Bd 43, H.2, S.260-271)

Freund, L.: Vom Sinn und Unsinn der Theorien über den Gesellschaftswandel. (ARSP, 1957, Bd 43, H.1, S.21-58)

Hamel, W.: Das Bekenntnis als Gestalt der Politik. (ARSP, 1956, Bd 42, H.4, S.479-506)

Hennis, W.: Der Begriff der öffentlichen Meinung bei Rousseau. (ARSP, 1957, Bd 43, H.1, S.111-115)

Heydte, F.A. Freih. von der: Vom Wesen des Naturrechts. (ARSP, 1957, Bd 43, H.2, S.211-233)

Kelsen, H.: Existentialismus in der Rechtswissenschaft. (ARSP, 1957, Bd 43, H.2, S.161-186)

Kirchheimer, O.: Vom Wandel der politischen Opposition. (ARSP, 1957, Bd 43, H.1, S.59-86) 4

Merkatz, H.J. von: Die Rechtsentwicklung auf deutschem Boden. (AUSS.POL., 1957, H.7, S.412-429) 4

Messerschmidt, H.: Studie über Giorgio Del Vecchio. (ARSP, 1956, Bd 42, H.4, S.529-540)

Messner, J.: Naturrecht ist Existenzordnung. (ARSP, 1957, Bd 43, H.2, S.187-210)

Nehru, S.S.: Die Sozialidee im Staate Gandhis. (ARSP, 1957, Bd 43, H.1, S.9-20)

Reuß, H.: Politik und Recht. Vorbetrachtungen zum Thema des Deutschen Anwaltstages 1957 in Hamburg. (DVBl., 1957, H.11, S.365-368) 2

Schneider, P.: Zur Problematik der Gewaltenteilung im Rechtsstaat der Gegenwart. (AöR, 1957, Bd 82, H.1, S.1-27) 4

Schulze, W.A.: Römer 13 und das Widerstandsrecht. (ARSP, 1956, Bd 42, H.4, S.555-566) 4

Strickrodt, G.: Die Idee der Wirtschaftsverfassung als Gestaltungs- und Interpretationsprinzip. (JZ, 1957, H.12, S.361-367) 4

Thyssen, J.: Zur Rechtsphilosophie des Als-seins. (ARSP, 1957, Bd 43, H.1, S.87-96)

1) Die nach der Fundstelle eines Artikels angegebenen Zahlen verweisen auf die Bedeutung dieses Artikels auch für andere Fachgebiete entsprechend der hier zugrunde gelegten Systematik.

Wiese,L.von: Das neue "Handbuch der Soziologie". Stuttgart 1956, 1243 S.(Rez.). (SCHM.JB.,1957,H.3, S.81-102)

2.Staats-und Rechtsgeschichte

Bader,K.S.: Die Edition germanisch-deutscher Rechtsquellen. Sachstandsbericht u.Würdigung. (JZ,1957,H.11, S.327-329)

Falkner,E.: Deutsches Geschichtsbild und deutsche Politik.(N.Abendl., 1957,H.2, S.159-166)

3.Völkerrecht und Aussenpolitik

Bucher,E.: Verfassungsrechtliche Probleme des Gemeinsamen Marktes. (NJW, 1957,H.23, S.850-852) 4

Cremers,P.H.M.: Die Pläne für die Europäische Atomgemeinschaft. (Int.Jb.Pol.,1956/57, H.4, S.2-22)

Kommuniqué über die Besprechungen zwischen Präsident Eisenhower und Bundeskanzler Adenauer in Washington vom 25.-28.Mai 1957.(EA,1957, H.13, S.9959-9960)

Abkommen über gemeinsame Organe für die Europäischen Gemeinschaften. (EA,1957, H.11/12, S.9921-9923)

Europäische Sozialcharta. (RdA,1957,H.6, S.225-227) 16,17

Zusammenfassende Darstellung der Bestimmungen des Vertrages über die Europäische Wirtschaftsgemeinschaft und seiner Anhänge.(EA,1957, H.11/12, S.9900-9921)

Gad,F.: Grönland und der übrige Norden.(EA,1957, H.10, S.9852-9854)

Gross,H.: Kritische Fragezeichen zur Europäischen Wirtschaftsgemeinschaft - Blockbildung und Dirigismus als Gefahrenherde.(RiW,1957, H.6, S.1o5-1o7)

Hallier,H.J.: Die Vertragschließungsbefugnis der Europäischen Gemeinschaft für Kohle und Stahl.(Z.ausl.öff.R.u.VR.,1957,Bd.17,H.3/4, S.428-447)

Honig,F.: Englische Rechtsprechung in völkerrechtlichen Fragen 1953-1955.(Z.ausl.öff.R.u.VR.,1957, Bd.17,H.3/4, S.613-630)

Langendorf, D.: Die Debatte des Deutschen Bundestages über die Atomwaffen. (EA,1957,H.13, S.9968-9970)

Mardac,S.V.: Der Weg zur Euratomgemeinschaft.(Int.Jb.Pol.,1956/57, H.4, S.23-34)

Meyer-Cording: Die wirtschaftspolitisch bedeutsamen Vorschriften des Euratomvertrages. (RiW,1957, H.5, S.81-83)

Meyer-Lindenberg, H.: Die Friedenssicherung im amerikanischen Regionalsystem. (Z.ausl.öff.R.u.VR.,1957,Bd.17,H.3/4, S.546-567)

Miksche,F.O.: Über die Möglichkeit und Unmöglichkeit einer europäischen Luftverteidigung. Teil I. (AUSS.POL.,1957,H.7, S.451-463)

Dokumente zur Beilegung des Mittelost-Konflikts. (EA,1957,H.14, S.10019-10028)

Montgomery: Das Bild der Kriegsführung in einem nuklearen Zeitalter. (AUSS.POL.,1957,H.7, S.430-433)

Mosler, H.: Zur Anwendung der Grundsatzartikel des Vertrages über die Europäische Gemeinschaft für Kohle und Stahl.(Z.ausl.öff.R.u.VR., 1957,Bd.17, H.3/4, S.407-427)

Dokumente zur Tagung des Nordatlantikrates in Bonn am 2.und 3.Mai 1957. (EA,1957,H.10, S.9855-9858)

Puttkamer, E.von: Vorgeschichte und Zustandekommen der Pariser Verträge vom 23.Okt.1954. (Z.ausl.öff.R.u.VR.,1957,Bd.17, H.3/4,S.448-475)

Schiffler, G.: Der Vertrag über die Europäische Wirtschaftsgemeinschaft. (EA,1957,H.11/12, S.9871-9878)

Schmieden,W.von: Europäischer Zusammenschluß und deutsche Wiedervereinigung. (AUSS.POL.,1957,H.6, S.387-396) 4

Schoenenberg, A.: Die Folgen der Suez-Krise. (Politische Studien,1957, H.86, S.15-28)

Schütze, Ch.: Die Außenpolitik der Vereinigten Staaten in den ersten Jahren der Administration Eisenhower (1953-1955). (EA,1957, H.10, S.9835-9851)

Servoise, R.: Die Politik Frankreichs im "Schwarzen Afrika".(EA,1957, H.14, S.10007-10018) 4

Notenwechsel zwischen der Sowjetunion und den Mitgliedstaaten der Europäischen Wirtschaftsgemeinschaft. (EA, 1957, H.11/12, S.9923-9926)

Strickrodt,G.: Die Wettbewerbsregeln für den Gemeinsamen Markt. (B, 1957,H.26(Beil.), S.1-8) 12

Tončić-Sorinj,L.: Das Internationale Statut von Tanger (1923-1956) Eine Sonderform internationaler Verwaltung. Anh.: Dokumente zum Tanger-Statut. (RA,1957,H.13, S.9939-9958)

Wehberg,H.;H.Raschhofer: Die politische Ausgangslage eines modernen Völkerrechts. (Int.Jb.Pol.,1956/57, H.4, S.56-65)

Die Frühjahrstagung 1957 der Versammlung der Westeuropäischen Union. (EA,1957,H.13, S.9965-9966)

Zieseniss: Die europäische Zollunion. (SKV, 1957,H.6, S.137) 6

4.Staatsrecht

Bhandarkar, K.Y.: Das indische Staatsangehörigkeitsgesetz vom 30.Dez. 1955. (Z.ausl.öff.R.u.VR.,1957,Bd.17, H.3/4, S.631-642)

Brandt,W.: Voraussetzungen des Ringens um die deutsche Einheit. (AUSS.POL.,1957, H.6, S.357-366)

Darmstaedter, F.: Der Begriff "Recht" in Art. 20 Abs. 3 des Grundgesetzes. (NJW, 1957,H.21, S.769-772) 1,9

Das Memorandum der Bundesregierung vom 20.Mai 1957 zur Frage der Wiederherstellung der deutschen Einheit. (EA, 1957,H.13, S.9960-9964)

Dietl,L.: Die Aufnahme im Sinne des Art.116 Abs. 1 GG.(Betr.: Aufnahme von Flüchtlingen deutscher Volkszugehörigkeit u.deutscher Staatsangehörigkeit).(DÖV,1957, H.13, S.361-363)

Dietze,G.: Das Problem der Demokratie bei den amerikanischen Verfassungsvätern. (ZSt, 1957,Bd.113, H.2, S.301-313) 2

Domke,M.: Fragen des öffentlichen Rechts in der amerikanischen Feindvermögenspraxis 1956. (Z.ausl.öff.R.u.VR.,1957, Bd.17,H.3/4,S.655-668) 3,5

Drath,M.: Die staatsrechtliche Stellung Berlins. (AöR,1957, Bd 82, H.1, S.27-75)

Ferrarotti,F.: Die Gewerkschaften in Italien. (RdA,1957,H.5, S.171-177) 16

Geck,W.K.: Der Anspruch des Staatsbürgers auf Schutz gegenüber dem Ausland nach deutschem Recht. (Z.ausl.öff.R.u.VR.,1957, Bd.17,H.3/4, S.476-545) 3

Gross,W.: Betrachtungen.(Betr.Konkordatsurteil des Bundesverfassungsgerichts.) (DVBl.,1957,H.11, S.378-380) 3

Krüger,H.: Art.6 Abs.5 GG ein Programmsatz? Kritische Bemerkungen zu den einschlägigen Verfassungskommentierungen und zu BAG v.7.12.1956. (DÖV,1957,H.13, S.356-361)

Krüger,H.: Staatliche Gesetzgebung und nichtstaatliche Rechtsetzung. (RdA,1957, H.6, S.201-206)

Lindemann,G.: Staat und Kultur. Bericht über den 24.Staatswissenschaftlichen Fortbildungskursus der Hochschule für Verwaltungswissenschaften Speyer vom 27.bis 29.März 1957. (DVBl.,1957,H.11, S.380-383)

Oppermann,T.: Universitätsvertretung im britischen Unterhaus 1603-1950. (ZSt,1957, Bd.113,H.2, S.314-323) 2

Potrykus, G.: Die Wehrbeschwerdeordnung, (RdJ,1957,H.13, S.205-206) 5

Rohde-Liebenau,W.;J.G.Schätzler: Bundesverfassungsgericht und verfassungsmäßige Ordnung. (NJW,1957,H.22, S.817-819)

Sahmer,H.: Wehrdienst und Arbeitsverhältnis. (RdA,1957, H.6,S.206-210) 16

Thieme,W.: Liberalismus und Grundgesetz. (ZSt,1957, Bd.113,H.2, S.285-300) 1

Thomas,E.: Die ersten Urteile des italienischen Verfassungsgerichtshofs.(Z.ausl.öff.R.u.VR.,1957,Bd.17, H.3/4, S.643-654)

Wilke,U.M.: Erziehung zum demokratischen Staatsbürger. Aus der Arbeit des Ringes Politischer Jugend.(Politische Studien, 1957,H.86, S.29-34) 1

5.Verwaltungsrecht und Verwaltungsgerichtsverfahren

Arend,P.: Die Verschwiegenheitspflicht (der Beamten) (SKV,1957, H.5, S.103-106)

Bachof, O.: Die Rechtsprechung des Bundesverwaltungsgerichts.(B Verw. GE Bd 1-3) (JZ, 1957,H.11, S.334-342; H.12, S.374-380)

Bettermann,K.A.: Verweisung, Kompetenzkonflikt und Rechtskraft.(JZ, 1957, H.11, S.321-324) 9

Breugst,G.: Lärmbekämpfung - aber wie. (SKV,1957, H.6, S.128-130)

Emrich,W.: Der Organisations-Referent und sein Aufgabenkreis.(SKV, 1957,H.7, S.151-154)

Foag,A.: Entschädigungslose Grundabtretung für den Ortsstraßenbau. (RdL,1957,H.7, S.169-170) 4

Frey,H.: Zur Zulässigkeit der Verlegung von Realgewerbe-Berechtigungen. (DÖV, 1957,H.12, S.339-341)

Geib,E.: Um die staatliche Mittelinstanz. (Zur Einheit der Verwaltung). (DVBl.,1957,H.12, S.405-410)

Gerber,H.: Der Übergang von der freien Stiftungsuniversität zur staatlich getragenen wissenschaftlich autonomen Hochschule.(DÖV,1957, H.15, S.413-418) 2

Haensel,C.: Staat und Rundfunk. (DVBl.,1957, H.13, S.446-452)

Harrer,F.: Wesen, Aufgaben und Grenzen, einer freiwilligen öffentlichen Erziehung. (RdJ,1957,H.11, S.164-166)

Hauck:Die rechtliche Bedeutung der Verwaltungsvorschriften zur Durchführung von Gesetzen. (NJW, 1957,H.22, S.809-812)

Heckel,H.: Gegenwartsprobleme des Schulrechts und der Schulverwaltung. (DVBl.,1957,H.14, S.482-488)

Herminghausen: Frühere Abrundungen von Jagdbezirken.(RdL.,1957,H.7, S.172-173)

Herzer,J.: Die Anfechtbarkeit behördlicher Kündigungszustimmungen. (DVBl.,1957, H.12, S.410-415) 16

Jobst,E.: Forstgesetzliche Bestimmungen der Bundesrepublik und der westdeutschen Länder. (Dokumentation). (RdL,1957,H.6, S.147-149)

Keßler,E.: Das Beurteilungswesen im öffentlichen Dienst der USA. (DÖV, 1957,H.13, S.353-355)

Klein,R.: Die Kongruenz des verwaltungsrechtlichen Ermessensbereichs und des Bereichs rechtlicher Mehrdeutigkeit. (AöR,1957,Bd 82,H.1, S.75-122)

Klein,R.: Die Rechtsgrundlagen der Requisitionsentschädigung.(DVBl., 1957,H.11, S.375-378)

Kleinhoff,J.: Der Beamtenbegriff des § 839 BGB. (AcP,1957,Bd 156, H.2/3, S.212-231) 10

König,H.G.: Die Rechtsbehelfe nach dem bayerischen Polizeirecht. (DÖV,1957, H.12, S.329-337)

Köppe,H.: Tätigkeitsmerkmale und Vergütung der Angestellten im öffentlichen Dienst. (SKV,1957,H.6, S.125-128)

Köttgen,A.: Die gegenwärtige Lage der deutschen Verwaltung.(DVBl., 1957, H.13, S.441-446)

Kramer,H.: Bordsteingaragen oder Einstellplätze. (SKV,1957,H.7, S.157-160 u.162)

Less:Rechtsfolgen der Wiedereinweisung von Räumungsschuldnern. (ZMR, 1957,H.7, S.221-224) 10

Less, E.: Begriffsherrschaft und Verwaltungstätigkeit.(DÖV,1957, H,15, S.418-424)

Malz: Beamtenrechtsrahmengesetz verkündet - Seine wichtigsten Bestimmungen. (SKV,1957,H.7, S.148-149)

Massfeller,F.: Die Novelle zum Personenstandsgesetz.(FamRZ, 1957,H.7, S.229-231) 10,14

Mittendorf, H.: Die Ausschüsse der Gemeinden in Niedersachsen.(SKV, 1957,H.7, S.151-154)

Nachtwey,H.J.: Der Freiherr vom Stein - heute. (SKV,1957,H.6,S.123-124) 2

Neuhaus,H.: Analogie und allgemeine Rechtsgrundsätze im öffentlichen Recht.- Erl.an einem Beispiel - (SKV,1957,H.5, S.101-102)

Noack, Allgemeine und besondere Vertreter öffentlicher Interessen im Verwaltungsprozeß. (DVBl.,1957, H.13, S.452-455)

Rasch,E.: Die Festlegung und Veränderung staatlicher Zuständigkeiten (Delegation,Mandat,Ausfüllung von Rahmenbestimmungen).(DÖV,1957,H.12, S.337-339). 4

Reuß, H.: Revisionsgründe für das Verfahren vor dem Bundesverwaltungsgericht. (JR, 1957, H.5, S.168-172)

Rosenthal,H.G.: Das Gesetz zum Schutze der Jugend in der Öffentlichkeit in der Praxis der Filmtheater. (JR, 1957, H.4, S.135-136)

Rybak,A.: Besoldungsrecht Nordrhein-Westfalen. (SKV,1957, H.6, S.139-140)

Schaefer,K.H.: Zur Frage der Amtshaftung in der Ausgleichsverwaltung. (DÖV,1957,H.14, S.394-396)

Scheer,B.: Polizeiliche Hilfe bei Vollstreckungshandlungen anderer Behörden. (SKV,1957, H.5, S.102-103)

Schellhorn,W.: Fürsorgerechtliche Abschiebung Minderjähriger.(RdJ, 1957,H.11, S.162-164)

Schmiester,W.: Zahlung von Kinderzuschlag und Waisengeld an uneheliche Kinder im Rahmen des Beamten-,Besoldungs-und Tarifrechts.(Öff.D., 1957,H.5, S.92-94) 16

Schroeter,W.;K.H.von Köhler: Zur abstrakten Gefahr im Polizeirecht. (DVBl.,1957,H.12, S.415-417)

Schütz, E.: Diensteid und allgemeine Dienstpflichten der Beamten. (Öff.D.,1957,H.6, S.105-109)

Schütz,E.: Dienstunfall und Dienstbeschädigung im Beamtenrecht. (Öff.D.,1957, H.5, S.87-91)

Siegfried,F.F.: Zum Begriff des öffentlichen Amtes in Art.34 GG. (NJW,1957,H.20, S.738-740)

Siegmund-Schultze, G.: Sammlungsrecht in der Praxis.(SKV,1957,H.6, S.135-136)

Thiele, W.: Sind Beamte Arbeitnehmer? (Öff.D.,1957, H.6, S.101-104) 16

Tischbein,H.: Zur Interessenabwägung bei der Enteignungsentschädigung. (RdL, 1957,H.5, S.113-117) 10

Ule,C.H.: Revisibilität von Normenkontrollentscheidungen? (AöR,1957, Bd 82, H.1, S.123-131) 4

Wacke,G.: Das Personalvertretungsgesetz und seine Kommentare.(JZ, 1957, H.10, S.289-294) 16

Wenzel,H.: Das Beamtenverhältnis auf Probe und die Probezeit.(Öff.D., 1957, H.5, S.85-86)

Wessel,F.: Der Kraftomnibusverkehr der Bundespost und das Grundgesetz. (Betr.:PBefG v.4.12.1934 i.d.F.v.6.12.1937).(DVBl.,1957,H.14,S.477-482) 4

Wiegand: Zwangsmittel und Geldbuße nach dem Ordnungsbehördengesetz für Nordrhein - Westfalen. (SKV,1957, H.5, S.106-110)

Wiggert,K.H.: Zur Höhe des Unterhaltsbeitrags für die schuldlos geschiedene Ehefrau (§ 125 II BBG). (FamRZ,1957, H.7, S.235-237) 14

Wüsthoff: Wird das Wasserhaushaltsgesetz des Bundes noch in dieser Wahlperiode verkündet? (BB,1957, H.15, S.517-520)

Zur Nieden,H.: Der Rechtsschutz der Wehrpflichtigen. (Öff.D.,1957, H.6, S.109-112) 4

6.Finanz-,Steuer-u.Preisrecht(einschließlich Finanzgerichtsverfahren)

Diedenhofen, H.: Die Bodenvermittlung für Zwecke der Einheitsbewertung. (B,1957, H.20, S.465-467)

Dipper: Unterliegen Festpreisverträge mit öffentlichen Auftraggebern der Preiskontrolle? (BB,1957, H.17, S.589-591)

Steuerliche Behandlung der Dividendengarantie im Rahmen einer steuerlich anerkannten Organschaft mit Gewinnabführungsvereinbarung. (BB,1957,H.14 (Beil.), S.1-8)

Düppe,A.: Zur bevorstehenden Reform der Ehegattenbesteuerung.(DWW, 1957,H.6, S.130-133) 14

Eichhorn,E.: Erlaß der Grundsteuer für Trümmergrundstücke Hypothekengewinnabgabe. (DWW,1957, H.6, S.133-136)

Ernst, E.: Gebühren, Beiträge und Realsteuermehrbelastung bei der Einkommensteuer und Körperschaftssteuer. (BB,1957,H.14,S.505-508)

Everling,U.;Ditges: Die Fortgeltung der Devisenbewirtschaftungsgesetze. (NJW,1957, H.24, S.896-898)

Fadler,J.: Die haushaltsrechtliche Analyse von Mehrausgaben.(Öff.D., 1957, H.6, S.112-113)

Felix,G.: Steuerliche Beurteilung von betrieblichen Aufwendungen zu Ausbildung und Sicherung künftiger Arbeitskräfte. (BB,1957,H.17, S.608-609) 16

Friedrich,W.: Aus der Rechtsprechung des Bundesfinanzhofs.(NJW,1957, H.23, S.852-856)

Hartz: Zur Entwicklung des Verfahrens vor den Finanzgerichten.(B,1957, H.22, S.517-519)

Heßler, W.; Änderung und Ergänzung der Lohnsteuer-Richtlinien.(B,1957, H.26, S.612-616)

Heubeck, G.: Zur Steuerschädlichkeit eines Leistungsvorbehaltes bei Pensionszusagen. (BB,1957, H.15, S.534-536) 16

Korff: Neubaumieten. Die zulässigen Mieten für Neubauwohnungen u. die Möglichkeiten ihrer nachträglichen Änderung. (ZMR,1957, H.6, S. 181-185) 10

Kuntze,H.;R.Skuhr: Auswirkungen des Beschlusses des Bundesverfassungsgerichts zur Ehegattenbesteuerung auf rechtskräftige Veranlagungen. (NJW, 1957,H.21, S.778-779) 4,14

Reinhard,H.: Die hauptsächlichen Verbesserungen des Lastenausgleichs. (DWW,1957,H.5, S.113-115) 5

Richter,H.: Die unbefugte Offenbarung oder Verwertung von Steuergeheimnissen. (B,1957,H.21, S.491-492)

Schreiter, M.: Rechtsanspruch des Steuerpflichtigen auf Fehleraufdeckung zu seinen Gunsten? (BB,1957, H.15, S.539-542)

Schultz,G.: Blick in die Zeit. (Betr.:Ehegattenbesteuerung). (MDR, 1957, H.5, S.269-271) 14

Schulze,W.: Grundfragen des Lastenausgleichsrechts. (DÖV,1957, H.14, S.385-394) 5

Bevorstehende Rechtsänderungen auf dem Gebiete der Steuern vom Einkommen und Ertrag. (B,1957, H.22, S.516-517)

Theis, J.: Betriebsprüfung und Verjährung. (B,1957, H.24, S.564-566)

Das Zusatzprotokoll über Anwendung des deutsch-schweizerischen Doppelbesteuerungsabkommens bei der Vermögensabgabe. (B,1957, H.23, S.541-542) 3

Zeiss,F.: Zur steuerlichen Behandlung der Konzessionsabgaben der Versorgungs- und Verkehrsbetriebe. (BB,1957, H.16, S.575-579)

7.Strafrecht,Strafprozeß

Arndt, H.: Die fehlerhafte Einziehung. (NJW, 1957,H.23, S.856-857)

Baumann, J.: Betrug durch vom Geschäftspartner nicht verstandene Vertragsformulierung. (JZ,1957,H.12, S.367-369)

Baumann,J.: Strafbare Zahlvaterschaft. (FamRZ, 1957, H.7, S.234-235) 14

Brönner,H.: Das Strafrecht der Steuerberatung. (B,1957, H.25,S.588-591) 6

Dallinger, W.: Aus der Rechtsprechung des Bundesgerichtshofes in Strafsachen. (MDR, 1957,H.5, S.266-269)

Eschenbach, E.: Aufzeichnungen als Beweismittel. (Krim.,1957,H.7, S.237-240) 8

Hardwig,W.: Der Versuch bei untauglichem Subjekt. (GAStr,1957,H.6, S.170-176)

Heinitz, E.: Zum Verhältnis der Wahlfeststellung zum Satz in dubio pro reo. (JR,1957, H.4, S.126-129)

Heldmann,H.H.: Strafrechtliche Sonderbehandlung der Frau? (MschrKrim, 1957, H.3/4, S.86-104)

Holle,R.: Die Polizeiliche Kriminalstatistik für die Bundesrepublik Deutschland 1956. (Schluß). (Krim.,1957, H.6, S.201-204)

Kiehne,K.: Bekämpfung von Korruption. (Schluß). (Krim.,1957, H.7, S.240-243) 8

Kleinschmidt, F.: Das Problem des Gewohnheitsverbrechers.(Krim.,1957, H.6, S.206-207)

Kleiss,B.: Sind Kraftwagen Räumlichkeiten im Sinne des § 306 Nr. 3 StGB? (Krim.,1957, H.7, S.261)

Kohlhaas, M.: Das Vierte Strafrechtsänderungsgesetz. (NJW,1957,H.25, S.929-934)

Kopacek,W.;H.Ackermann: Das Akteneinsichtsrecht des Verteidigers im Verwaltungsstrafverfahren. (NJW,1957, H.20, S.740-741) 6

Langemann,H.: Verleumdung und Lebensnot. (Betr.: Motive bei Privatklagedelikten). (Krim.,1957, H.7, S.249-251)

Lohmeyer,H.: Die Strafbarkeit von Lohnsteuervergehen. (NJW,1957, H.27, S.980-982) 6

Lüttger,H.: Der >> genügende Anlaß << zur Erhebung der öffentlichen Klage. (GAStr,1957, H.7, S.193-218)

Mitzdorf,L.: Die Bedenken der Kriminalpolizei gegen die Richtlinien für das Strafverfahren vom 1.Aug.1953. (Krim.,1957,H.7, S.266-268)

Mohr, W.: Uneinsichtiges Verhalten als Grund für Entziehung der Fahrerlaubnis. (NJW,1957, H.25, S.941-942)

Pentz,A.: Beschränkte Auskunft aus dem Strafregister nach § 96 JGG. (NJW,1957, H.22, S.821-822)

Potrykus: Das Einführungsgesetz zum Wehrstrafgesetz. (NJW,1957,H.22, S.814-817) 4

Potrykus, G.: Neues Jugendstrafrecht für Soldaten. (RdJ,1957, H.11, S.171-173) 4

Prosser,W.L.: Das Recht auf die Privatsphäre in Amerika. (RabelsZ, 1956,H.3/4, S.401-417) 10

Rheinen: Zur Praxis der Wahlfeststellung im Strafprozeß.(NJW,1957, H.25, S.942-943)

Salger,H.: Das Indizienurteil des Strafrichters in der Revisionsinstanz. (NJW, 1957, H.20, S.734-737)

Sauer, W.: Über den Einfluß der Kriminologie auf die Strafrechtsreform. (MschrKrim, 1957,H.3/4, S.105-115)

Schneidewin,K.: Vollrausch und Wahlfeststellung. (JZ, 1957, H.11, S.324-327)

Schnitzerling,M.: Zur Offenbarungs- und Schweigepflicht der Jugendgerichtshilfe. (RdJ, 1957, H.14, S.221)

Schnitzerling, M.: Die strafgerichtliche Untersagung der Ausübung fürsorgerischer Berufe. (RdJ, 1957, H.11,S.161-162)

Schulze,H.E.: Die Anwendung von § 25 StGB.(Betr.: Widerruf der Strafaussetzung). (NJW,1957, H.21, S.772-774)

Schwalm, G.: Heimtücke und achtenswerter Beweggrund. (MDR, 1957,H.5, S.260-262)

Steinemann,K.: Verwahrlosungserscheinungen bei minderjährigen Straftätern. (Zbl.JugR, 1957,H.6, S.125-132)

Stratenwerth,G.: Strafprozessuale Zwangsmaßnahmen bei inzidenter Normenkontrolle. (JZ,1957, H.10, S.299-303) 4

Stutte,H.: Körperliche Selbstwertkonflikte als Verbrechensursache bei Jugendlichen. (MschrKrim,1957, H.3/4, S.71-86)

Ullrich,W.: Änderungen im Wirtschaftsrecht.(Krim.,1957,H.6, S.227-228)

Ullrich, W.: Die Sonderstellung Heranwachsender im neuen Wehrstrafgesetz. (Zbl.JugR, 1957, H.6, S.132-137) 4

8.Kriminalistik,Gerichtliche Medizin, Gerichtspsychiatrie,-psychologie

Bartmann, F.: Das Fernsehen und seine polizeilichen Möglichkeiten. (Krim.,1957,H.6, S.204-206)

Bohné,G.;K.Luft;H.Trautmann: Experimentelle Untersuchungen über die Kompensationsmöglichkeit alkoholbedingter Störungen der Aufmerksamkeit und Motorik. (Dtsch.Z.gerichtl.Med.,1957, Bd 46,H.2,S.226-234)

Bericht über den Kongreß der Deutschen Gesellschaft für gerichtliche und soziale Medizin in Marburg a.d.Lahn vom 1.-3.Okt.1956. (Dtsch.Z.gerichtl.Med.,1957,Bd 46, H.2, S.250-271)

Dost,P.: Über die Abwehr bei Notzucht. (Krim.,1957,H.6, S.217-221)

Holzer,F.J.;E.Marberger: Zur mikroskopischen Geschlechtsbestimmung an Leichenteilen. (Dtsch.Z.gerichtl.Med.,1957,Bd 46, H.2,S.242-249)

Klüter, K.: Neuer Weg zur Erlangung brauchbarer Schriftproben. (Krim.,1957, H.7, S.243-249)

Meyer,J.E.: Zur forensischen Bedeutung der Temporallappen-Epilepsie. (Dtsch.Z.gerichtl.Med. 1957,Bd 46, H.2, S.212-225)

Neugebauer,W.: Dystrophische Hirnschädigungen. (Erkennen und Beurteilung) (Dtsch.Z.gerichtl.Med. 1957,Bd.46, H.2, S.193-205)

Rauschke, J.: Über den Eintritt der Bewußtlosigkeit bei atypischer Erhängung. (Dtsch.Z.gerichtl.Med. 1957,Bd 46,H.2, S.206-211)

Schmitz, K.L.: Biologische Anthropognostik. (MschrKrim,1957,H.3/4, S.115-120)

9.Gerichtsverfassung(einschließlich Justizverwaltung, Staatsanwaltschaft,Notariat und Anwaltschaft)

Haas: Landesrecht vor Bundesgerichten? Über das Wesen der Rechtsprechung u.das Gewohnheitsrecht. (DVBl.,1957, H.11,S.368-374) 4.5

Wagner,W.: Rechtsfragen zu § 74 a GVG. (GAStr,1957, H.6, S.161-170) 7

10.Zivilrecht

Baumgärtel, G.: Die Unzumutbarkeit der Forderungsabtretung.(AcP,1957, Bd.156, H.4, S.265-290)

Böhmer,E.: Fabrik- und Werkeisenbahnen fallen unter § 1 RHG. (JR,1957, H.4, S.136-137)

Böhmer,E.: Sind anormale Körperzustände höhere Gewalt i.S.des § 1 RHG? (JR, 1957, H.5, S.178-179)

Dempelwolf, G.: Prioritätsprinzip auch bei Konkurrenz zwischen verlängertem Eigentumsvorbehalt und Globalzession. (NJW,1957, H.23,S.858)

Engelhardt,H.;Dunz,W.: Nochmals: Berücksichtigung eigenen Mitverschuldens gegenüber mehreren Haftpflichtigen. (JZ, 1957, H.12,S.369-372)

Faber,W.: Haftung des Wirtschaftsprüfers gegenüber dem Kreditgeber bei unrichtiger Vermögensaufstellung? (BB,1957, H.14, S.494-496)

Fischer,R.: Auseinandersetzung über Betriebsgrundstücke einer Personalgesellschaft nach Erbfällen. (NJW,1957,H.24, S.894-896)

Fischer,R.: Die allgemeinen Geschäfts- und Lieferungsbedingungen. (BB, 1957,H.14, S.481-487) 12

Frickhöffer, W.: Mietbindung und Soziale Marktwirtschaft. (DWW,1957, H.6, S.122-125) 6

Gaul,H.F.: § 826 BGB und die Rechtskraft des Scheidungsurteils und Schuldausspruchs. (FamRZ,1957, H.7, S.237-241) 14,15

Haegele: Veräußerung von Bauland aus landwirtschaftlichem Grundbesitz. (RdL,1957, H.7, S.170-172) 5,13

Hurtienne, H.: Die Kostenvergleichsmiete. (NJW, 1957,H.22,S.812-813)

Imlau,E.: Der Verwendungsersatzanspruch des unrechtmäßigen Fremdbesitzers gegen den Eigentümer. (MDR, 1957,H.5, S.263-265)

Käser, J.: Der Vertrag zugunsten Dritter im englischen Recht, (RabelsZ,1956,H.3/4, S.418-455)

Kleine, H.: Zur Gültigkeit von verlagsrechtlichen Normenklauseln. (JZ, 1957,H.10, S.303-304)

Korff,C.;H.Roquette: Keine Mieterhöhungen bei Werkwohnungen.(NJW, 1957, H.22, S.819-821) 16

Küster, O.: Zum Rückgriff des Pflichtversicherers gegen den Versicherungsnehmer. (NJW,1957, H.27, S.972-974)

Kurz,H.: Der Untermieter und das Bundesmietengesetz.(SchlHA,1957, H.6, S.141-143) 6

Lange,H.: Herrschaft und Verfall der Lehre vom adäquaten Kausalzusammenhang. (AcP, 1957,Bd 156, H.2/3, S.114-136)

Neuhaus,P.H.;H.J.Gündisch: Gemeinschaftliche Testamente amerikanischer Erblasser. (RabelsZ, 1956,H.3/4, S.550-574)

Pleyer, K.: Die Haftung des Eigentümers für Störungen aus seinem Eigentum. (AcP, 1957, Bd.156,H.4, S.291-310)

Roquette,H.: Kleinsiedlerstellen im Mieterschutz. (ZMR,1957, H.7, S.217-219)

Rutkowsky, H.: Der Anwartschaftserwerb und seine Folgen.(NJW,1957, H.23, S.858-859)

Sasse,J.: Die Rechtsprechung des Bundesgerichtshofs zum Privatversicherungsrecht. (JZ,1957, H.10, S.304-306)

Schmidt,K.A.: Verschwiegenheitspflicht und Auskunftsverweigerungsrecht der privaten Versicherungsunternehmen. (NJW,1957, H.27, S.969-972) 15

Schnitzerling, M.: Verletzung der Fürsorgepflicht gegenüber Fürsorgezöglingen und jungen Strafgefangenen. (RdJ,1957, H.12, S.177-178) 5

Schwerz, G.: Keine Mietbegrenzung im Bergarbeiterwohnungsbau.(DWW, 1957, H.5, S.109-111) 6

Sieg,K.: Klauseln in französischen Kaufverträgen.(RiW, 1957, H.6, S.109-111) 15

Simon: Die Verwertung sicherungsübereigneter Gegenstände durch den Sicherungsnehmer. (BB,1957, H.17, S.600-601) 15

Wangemann,R.: Unbestimmter Erbbauzins und dingliche Sicherung.(NJW, 1957,H.27, S.978-980)

Weber,E.: Ist das MRG 52 ein Schutzgesetz im Sinne des § 823 Abs.2 BGB und kann sich der Treuhänder darauf berufen? (JZ, 1957,H.11, S.329-331)

Weimar,W.: Kann der durch Vertrag Verletzte auch Schadensersatzansprüche aus unerlaubter Handlung geltend machen? (SKV,1957, H.6, S.138-139)

Weimar,W.: Bürgschaft - Schuldübernahme - Garantie. (SKV,1957,H.7, S.163-165)

Westermann,H.: Der Inhalt des Ersatzanspruchs bei Gebäudezerstörung und Gebäudeschäden. (AcP,1957, Bd 156, H.2/3, S.137-155)

Wörbelauer, H.: Nochmals: Sicherung des Gläubigers nachstelliger Grundpfandrechte. (NJW, 1957,H.24, S.898)

11.Urheber-und Erfinderrecht

Neuregelung des Rechtes der Arbeitnehmererfindungen. (BB,1957, H.16, S.584-587) 16

Bussmann,K.;F.K.Beier: Begriff der Marke. (GRUR Ausl.,1957, H.5, S. 199-200)

Hefermehl,W.: Magnetton-Aufnahmen urheberrechtlich geschützter Werke zum persönlichen Gebrauch. (UFITA,1957, Bd 24,H.1/2, S.56-92)

Heine,H.G.: Neuregelung des Rechtes der Arbeitnehmererfindungen. (B, 1957, H.23, S.549-551) 16

Heine,H.G.: Jahresgebühren für Patente. (GRUR Ausl.,1957,H.5,S.202-203)

Hubmann,H.: Der Rechtsschutz der Idee. (UFITA,1957, Bd.24,H.1/2, S.1-15)

Lampert,W.: Klarheit über den Schutzumfang von Patenten.(GRUR,1957, H.6, S.258-264)

Moser,von Filseck: Internationale Vereinigung für Gewerblichen Rechtsschutz: Tagung des Comité Exécutif in Oslo vom 10.bis 13.Juni 1957. (GRUR Ausl.,1957, H.5, S.197-198)

Nathansohn: Münchner Zusammenkunft der Leiter der europäischen Prüfungspatentämter. (GRUR Ausl.,1957, H.6, S.244-245)

Paterna, E.: Gewerblicher Rechtsschutz. (MDR, 1957, H.5, S.272-276) 12

Pechmann,E.von: Probleme des Schutzes chemischer Erfindungen. (GRUR, 1957,H.6, S.264-269)

Rie,R.: Um das "Folgerecht" des bildenden Künstlers. (UFITA,1957, Bd.23, H.5/6, S.273-286)

Strauss,W.: Urheberpersönlichkeitsrechte in den Vereinigten Staaten. UFITA, 1957,Bd.23, H.5/6, S.286-331)

Überblick über die bisherige Arbeit des Instituts für ausländisches und internationales Patent-, Marken- und Urheberrecht bei der Universität München. (GRUR Ausl.,1957, H.6, S.239-244)

Ulmer,E.: Vom deutschen Urheberrecht und seiner Entwicklung.(UFITA, 1957, Bd.23,H.5/6, S.257-273)

Verona,A.: Erfinderschutz und Vergütung von Arbeitnehmererfindungen in Jugoslawien. (GRUR Ausl.,1957, H.6, S.246-250) 16

Völp,F.: Die Rechtsstellung des Patentamtes. (NJW, 1957,H.23, S.859-860)

Volmer,B.: Das Wesen der Erfindung und des technischen Verbesserungsvorschlages. (RdA,1957, H.5, S.166-171) 16

Wuesthoff,F.: Die Zukunft des Patentamts. (GRUR,1957, H.6, S.249-258)

12.Handelsrecht,Wertpapierrecht,Kartell-und Wettbewerbsrecht

Bärmann,J.: Supranationale Aktiengesellschaften? (AcP, 1957,Bd 156, H.2/3, S.156-211) 3,18

Börnstein,U.: Die Aktivierung von Versuchs- und Entwicklungskosten nach Handelsrecht und Steuerrecht. (BB,1957, H.16, S.553-557) 6

Borck,H.G.: Werbung ".. ohne Aufschlag". (WRP, 1957, H.7, S.193-197)

Büren,B.von: Wettbewerbs- und Markenrecht in der Schweiz.(WRP,1957, H.5, S.131-133) 11

Droste,K.: Firma und Geschäftsbezeichnung. (B,1957, H.24,S.573-575)

Droste,K.: Rechtsfragen zum Saisonschlußverkauf.(B,1957,H.27, S.649-651)

Günther, E.: Die Regelung des Wettbewerbs im Vertrag zur Gründung der Europäischen Wirtschaftsgemeinschaft. (WuW,1957,H.5, S.275-293) 3

Höpker, J.: Um die Gültigkeit der Heilmittel-Werbeverordnung.(WRP, 1957,H.6, S.164-165)

Krieger,A.: Die Wiedererrichtung von Einigungsstellen zur Beilegung von Wettbewerbsstreitigkeiten.(GRUR, 1957,H.5, S.197-208)

Kronstein, H.: Probleme des modernen amerikanischen "Corporation"-Rechtes. (RabelsZ, 1956,H.3/4, S.456-511)

Marcetus, K.: Der BHG zur Abgabe von Arzneimitteln außerhalb der Apotheken. (NJW, 1957, H.25, S.939-940)

Meyer-Marsilius: Der Stand der deutschen Bestimmungen für Auslandsniederlassungen. (RiW, 1957,H.5, S.90-92) 6

Moser von Filseck,R.;M.Schreiber: Schutz geographischer Herkunftsbezeichnungen. (GRUR Ausl.,1957, H.5, S.200-202)

Peters,E.: Die Erzwingbarkeit vertraglicher Stimmrechtsbindungen. (AcP, 1957,Bd.156,H.4, S.311-346) 15

Pinder, W.: Kritik und Vorschlag zum kartellgesetzlichen Empfehlungsverbot. (B, 1957, H.25, S.597-601)

Prause: Ursachen und Bedeutung des Gesetzes über Maßnahmen auf dem Gebiete des Realkredits vom 18.Dez.1956. (SchlHA,1957, H.7, S.173-174) 6,10

Reuß,W.: Der sogenannte "Käuferstreik". (AcP,1957, Bd 156,H.2/3, S.89-113)

Roidl: Um das Schicksal der vertikalen Preisbindungen. (NJW,1957, H.27, S.977-978)

Röper,B.: Die vertikale Preisbindung ist kein Kartellersatz.(WuW,1957, H.5, S.293-307)

Schwenk,E.H.: Die Rule of Reason und die "per-se"-Regel im amerikanischen Antitrustrecht. (WuW,1957,H.6, S.339-349)

Sudhoff: Berechnung und Verteilung des Liquidationserlöses bei OHG und KG. (NJW,1957, H.20, S.731-734)

Walther,C.A.: Zur Frage der unentgeltlichen Massenverteilung von Waren zu Werbezwecken. (WRP, 1957, H.6, S.161-164)

Würdinger,H.: Zur Rechtsnatur der Zeitcharter.(MDR,1957,H.5,S.257-260)

13.Landwirtschaftsrecht

Keine Eingänge

14.Familienrecht

Boehmer,G.: Die neueste Rechtsprechung zur Frage der "Ehestörungsklage". (FamRZ, 1957,H.6, S.196-199)

Bosch,F.W.: Bemerkungen zum "Gleichberechtigungsgesetz" (GlbG). (FamRZ,1957, H.6, S.189-196; H.7, S.231-233)

Finke: Das künftige eheliche Güterrecht.(JR,1957, H.5, S.161-168)

Gündisch,H.J.: Zur Adoption deutscher Kinder in den USA.(FamRZ,1957, H.6, S.199-201) 18

Köhler,O.A.: Die Bedeutung unentgeltlicher Zuwendungen Dritter für den Unterhaltsanspruch. (NJW,1957,H.25, S.940-941)

Krüger, H.: Der Name der Frau nach bürgerlichem Recht.(AcP,1957, Bd 156, H.2/3, S.232-264) 10

Küchenhoff, E.: Besonderer staatlicher Schutz von Ehe und Familie und zeitlicher Vorrang der standesamtlichen Eheschließung.(ZSt., 1957,Bd.113, H.2, S.324-349) 5

Massfeller: Das Güterrecht des Gleichberechtigungsgesetzes.(B,1957, H.20,S.473-476; H.21,S.499-502; H.22, S.525-527; H.26, S.623-627)

Reinicke,D.: Zum neuen ehelichen Güterrecht (I). (NJW,1957, H.24, S.889-893)

Reinicke, D.: Das Gleichberechtigungsgesetz (II). (NJW, 1957,H.25, S.934-939)

Reinicke, D.: Verwaltungsbeschränkungen im gesetzlichen Güterstand der Zugewinngemeinschaft. (BB,1957, H.16, S.564-568)

Tonndorf, I.: Das Entscheidungsrecht in der Ehe nach dem Recht der Vereinigten Staaten von Amerika. (RabelsZ, 1956,H.3/4, S.512-549)

15.Zivilprozeß und Freiwillige Gerichtsbarkeit

Arnold, H.: Schiedsgerichtsbarkeit in den Niederlanden.(RiW,1957, H.5, S.88-90)

Bruns,R.: Zum Problemkreis des Wiederaufnahmerechts. (FamRZ,1957, H.6, S.201-206)

Furtner, G.: Vorläufige Vollstreckbarkeit von Schlußurteilen im Urkunden- und Wechselprozeß. (NJW,1957, H.21, S.775-778)

Jacobi: Die Löschung des Entschuldungsvermerks - Grundsatzfragen in der höchstrichterlichen Rechtsprechung. (RdL,1957, H.6, S.141-147)

Kleinwächter, H.: Das Anerkenntnisurteil im Wechselprozeß.(NJW,1957, H.20, S.737-738)

Simson,G.: Die Anerkennung deutscher Ehescheidungsurteile im Ausland. (JZ, 1957, H.10,S.294-299) 14,18

16.Arbeitsrecht und Arbeitsgerichtliches Verfahren

Blechschmidt,E.;F.Kempf: Kritische Betrachtungen zum Regierungsentwurf eines neuen Jugendarbeitsschutzgesetzes. (RdJ, 1957,H.13, S.195-200)

Dietz;O.von Nell-Breuning: Freiheit und Bindung im kollektiven Arbeitsrecht. (RdA,1957, H.5, S.178-180)

Dürkes,W.: Wertsicherungsklauseln und Lohnausgleich bei verkürzter Arbeitszeit. Wirksamwerden von Wertsicherungsklauseln bei Einführung der 45 - Stundenwoche unter Gewährung des vollen Lohnausgleiches. (BB,1957, H.17, S.618-619)

Frey, E.: Die Folgen der Teilnichtigkeit im Arbeitsrecht.(ArbuR, 1957,H.6, S.161-169)

Frey, E.: Der gute Glaube an die Arbeitgebereigenschaft.(ArbuR,1957, H.5, S.137-138)

Gift: Zur Berechnung des Arbeitgeberzuschusses nach dem "Gesetz zur Verbesserung der wirtschaftlichen Sicherung der Arbeiter im Krankheitsfall". (B,1957, H.26, S.633-634) 17

Gossrau,E.: Das Gesetz zur Bekämpfung der Schwarzarbeit.(RdA,1957, H.6, S.210-213) 7

Gröbing,K.: Die Beihilfengrundsätze für die Angestellten und Arbeiter des öffentlichen Dienstes. (ArbuR, 1957,H.5, S.139-145) 5

Güntner,H.: Gesetzliches und richterliches Billigkeitsrecht, unzulässige Rechtsausübung und Verwirkung im Arbeitsrecht.(ArbuR,1957, H.6, S.169-182)

Hilger,M.L.: Die Beteiligung des Betriebsrates bei fristlosen Entlassungen kraft Betriebsvereinbarung. (RdA,1957,H.5, S.161-165)

Hoffmann, E.: Zur Kündigung von Lehrverträgen aus wichtigem Grund. (RdA,1957, H.14, S.209-211)

Hoffmann, E.: Mehrere Lehrverträge "zum Aussuchen". (B,1957,H.25, S.605-606)

Jaerisch: Aus der neueren Rechtsprechung des Bundesarbeitsgerichts. (JR, 1957,H.4, S.129-135)

Lemke,B.: Sind die Leistungen des Arbeitgebers für betriebliche Versorgungseinrichtungen Arbeitslohn? (BB,1957, H.14, S.512-515) 17

Mann,D.: Die Konkurrenz von Tarifverträgen. (BB,1957,H.15, S.549-551)

Natzel, B.: Berglehrlinge und Gewerbeordnung. (RdA,1957, H.6, S.213-217)

Radke,O.: Über die Grenzen der Diskussionsfreiheit in der Betriebsversammlung. (ArbuR, 1957, H.5, S.129-137)

Riepenhausen,B.: Grundzüge des Arbeitsrechts der Bühnenkünstler. (UFITA, 1957, Bd 24,H.1/2, S.27-53)

Röhsler,W.: Das Arbeitsplatzschutzgesetz. (B,1957,H.24, S.580-582) 4

Schregle,J.: Ausländische Arbeitsgesetzgebung. (4.Folge).(RdA, 1957, H.5, S.190-191; H.6, S.229-230)

Schröder, G.: Tarifkonkurrenzen. (B,1957, H.26, S.632-633; H.27, S.657-658)

Seipp,P.: Bundeseinheitliche Erziehungs- und Ausbildungsbeihilfen unter besonderer Berücksichtigung der Beihilfen für Lehrlinge und Anlernlinge. (Fortsetzung) (RdJ, 1957,H.13, S.195-200; H.14, S.218-219) 5

Trieschmann,G.: Lohnfortzahlung im Krankheitsfalle für Arbeiter. (B,1957, H.22, S.532-534) 17

17.Sozialrecht,Sozialgerichtsbarkeit und Verfahren

Friederichs,H.: Die Rechtsprechung des Bundessozialgerichts zum bestimmten Revisionsantrag. (NJW,1957, H.27, S.974-977)

Gaber,E.: Die Neuerungen nach dem Angestelltenversicherungs-Neuregelungsgesetz. (JR,1957, H.4, S.121-126)

Gellhorn, N.von: Die Neuregelung der knappschaftlichen Rentenversicherung. (BB,1957, H.16, S.582-583)

Haueisen: Unzulässige Rechtsausübung und öffentlich-rechtliche Ausschlußfristen. (NJW,1957, H.20, S.729-731) 5

Köhler,C.: Das neue Nachversicherungsrecht in den gesetzlichen Rentenversicherungen. (Öff.D.,1957, H.5, S.81-85)

Stamm,A.: Soziale Sicherheit bei vorzeitiger Berufsunfähigkeit, Alter und Tod des Versicherten. (SKV,1957,H.6, S.131-135)

Töns,H.: Versicherungsfreiheit bei geringfügigen Beschäftigungen. (BB, 1957, H.17, S.616-618)

Vesper, H.: Die Neuregelung der knappschaftlichen Rentenversicherung. (B,1957, H.23, S.557-558)

18.Internationales Privatrecht

Quaritsch, H.: Jahresversammlung des Deutschen Vereins für Internationales Seerecht. (MDR, 1957, H.5, S.271) 3,12

Stoll,H.: Zum Anwendungsbereich der westdeutschen Umstellungsgesetze. (RabelsZ, 1956,H.3/4, S.575-609) 6

19.Juristische Ausbildungs-und Prüfungsfragen

Hirschmann, K.: Ausbildungsordnung für die Rechtspfleger.(SchlHA, 1957, H.6, S.141-143)

Richter,H.;O.L.Brintzinger;H.Flick: Zur Diskussion der Juristischen Studienreform. (NJW,1957, H.24, S.898-901)

Röhl,W.: Die Referendarausbildung in Japan. (JZ,1957, H.11,S.331-334)

20.Sonstiges

Herderhorst: Die Entwicklung des öffentlichen Rechts in Bremen im 2.Halbjahr 1956. (DVBl.,1957, H.11, S.383-385)

Kroemer: Die Entwicklung des öffentlichen Rechts in Niedersachsen im 2.Halbjahr 1956. (DVBl.,1957, H.13, S.455-458)

Metelmann: Die Entwicklung des öffentlichen Rechts im Lande Nordrhein-Westfalen im 2.Halbjahr 1956. (DVBl.,1957,H.14, S.488-491)

Sander,H.: Die Entwicklung des öffentlichen Rechts in Schleswig-Holstein im 2.Halbjahr 1956. (DVBl.,1957, H.12, S.418-421)

C.13.(23.) VERZEICHNIS DER NEUERWERBUNGEN DER BIBLIOTHEK DES DEUTSCHEN INSTITUTS FÜR RECHTSWISSENSCHAFT [1)]

1.ALLGEMEINES

1.Allgemeine und bibliographische Nachschlagewerke,Wörterbücher, Buch- und Bibliothekswesen

Übersicht über die Bestände des Deutschen Zentralarchivs Potsdam. Red.H.Lötzke; H.S.Brather. Berlin 1957. 232 S.,4 Bl. Abb.
I Ea 18311

Alphabetical Index to Central Acts - Ordinances and Governor General's Orders. (Ed.:) M.Noorani. Karachi 1955. 45 S. V Ea 18285

Eilers,G.: Portugiesisches Taschenwörterbuch. T.1. Berlin 1953. 366,320 S. II Ea 18155

Erfurter Statistik 1951-1955. Hrsg.v.Rat der Stadt Erfurt. Erfurt 1956. 199 S. I Ea 18426

Henningsen,H.: Langenscheidts Taschenwörterbuch der dänischen und deutschen Sprache. Neubearb. T.1.2. Berlin 1956. T.1: 527 S. T.2: 532 S. II Ea 18460

Law Libraries in the United States and Canada. 1956 ed.Publ.for the American Association of Law Libraries by Commerce Clearing House. 8 th ed. O.O. 1956. 98 S. V Ea 18284

Milatz,A.; Th.Vogelsang: Hochschulschriften zur neueren deutschen Geschichte. Eine Bibliographie. Ausg.1: 1945-1955. Bonn 1956. 142 S. II Ea 18007

Miller,R.W.: Die amerikanische Deutschlandpolitik 1945-1955. Amtl. amerikan.Publikationen über Deutschland. Frankfurt/M. 1956. 40 S.
II Eb 434

Norwegen von heute. 2.Ausg. Schriftltg: R.Wold, T.Hoff. Oslo 1955. 64 S. V Ea 18122

Riggenbach,B.: Übersicht der Literatur über schweizerisches Recht. Bibliographie juridique suisse. 1954.
Basel 1956. S.502-549. Aus: Zeitschrift für schweizerisches Recht.
V Ea 18279

1) Die hier angezeigte Literatur ist gemäß der Benutzungsordnung der Bibliothek des Deutschen Instituts für Rechtswissenschaft, für die Mitglieder des Deutschen Instituts für Rechtswissenschaft, Ministerien und zentrale Institutionen der Deutschen Demokratischen Republik und nach der Leihverkehrsordnung der Bibliotheken ausleihfähig.-Verzeichnis 1-10 ist enthalten im Mitteilungsblatt des Deutschen Instituts für Rechtswissenschaft 1953, Nr 1-1955, Nr 3.

Schneider, J.: Langenscheidts Taschenwörterbuch der niederländischen und deutschen Sprache. Neubearb. T.1.2. Berlin 1956. T.1: 509 S. T.2: 500 S. II Ea 18459

Theimer,W.: Lexikon der Politik. Polit.Begriffe, Namen, Systeme, Gedanken u.Probleme aller Länder. 5.,neubearb.Aufl. Bern 1955. 718 S. V Ea 18333

Union des Associations Internationales. Annuaire des Organisations Internationales. Yearbook of International Organizations. 1956-1957. 6 me ed. Brüssel 1957. 1266 S. Pa 106

USA im Spiegel der Literatur. Hrsg.Zentralinst.f.Bibliothekswesen. Leipzig 1957. 132 S. I Ea 18148

Handbuch der Volkskammer der Deutschen Demokratischen Republik. Hrsg.: Volkskammer der Deutschen Demokratischen Republik. Berlin 1957. 536 S. I Ea 18171

Waschke,H.: Juristisches Taschenwörterbuch in dt.u.franz.Sprache. Unter Mitberücks.d.diplomat. Sprache. 2.,erw.u.neubearb.Aufl.T.1.2. Berlin,Bielefeld 1954. 206,232 S. II Ea 18338

2.Biographien

Hammer, F.: Theodor Neubauer. Ein Kämpfer gegen Faschismus. Berlin 1956. 103 S. I Ea 18227

Unser Bruder Wolodja. Erinnerungen von Verwandten an Lenin.(Aus d. Russ.übers.) Berlin 1956. 242 S. I Ea 18185

Lepszy, K.: Andrzej Frycz Modrzewski. Warschau 1954. 160 S. IV Ea 17651

Markov,N.V.: (N.I.Lobačevskij, ein grosser russischer Wissenschaftler, russ.:) N.I.Lobačevskij - velikij russkij učenyj. Moskau 1956. 50 S. III Ea 15699

Matula,V.: Ludovít Štúr < 1815-1856 >. Bratislava 1956. 86 S. IV Ea 15852

Nehru,J.: Indiens Weg zur Freiheit. (Aus d.Engl.übers.) Berlin 1957. 711 S. I Ea 18292

3.Philosophie

Baskin,M.P.: Materialismus und Religion. (Aus d.Russ.übers.) Berlin 1957. 150 S. I Ea 18316

Billicsich, F.: Das Problem des Übels in der Philosophie des Abendlandes. Bd 1: Von Platon bis Thomas Aquino. 2.erw.Aufl. Wien 1955. 367 S. V Ea 18271

Erasmus von Rotterdam: Vom freien Willen. Verdeutscht v.O. Schumacher. 2.Aufl. Göttingen 1956. 93 S. II Ea 18072

Fichte,J.G.: Ruf zur Tat. Sein Leben in Briefen und Berichten verbunden mit einer Auswahl aus seinen allgemein-verständlichen Schriften. Berlin 1956. 395 S. I Ea 17074

Frauwallner,E.: Die Philosophie des Buddhismus. Berlin 1956. 423 S. I Ea 18309

Holm, S.: Søren Kierkegaards Geschichtsphilisophie. Stuttgart 1956. 120 S. II Ea 18409

Lenin,W.I.: Über die Religion. Eine Sammlung ausgewählter Aufsätze und Reden. 2.Aufl. Berlin 1956. 94 S. I Ea 14977

Ossowska,M.: (Die bürgerliche Moral, poln.:) Moralność mieszczańska. Łódź 1956. 326 S. IV Ea 17877

Gegen die Philosophie des Verfalls. Beitr. zur Kritik d.gegenwärtigen bürgerl. Philosophie. (Hrsgr.:) E.Bloch. Berlin 1956. 454 S. I Ea 18427

Pury,R.de: Die Macht der Wahrheit. Existentialismus u.christl. Glaube. Zürich 1950. 23 S. V Ea 18028

Remplein,H.: Die seelische Entwicklung in der Kindheit und Reifezeit. Grundlagen u.Erkenntnisse d.Kindes-u.Jugendpsychologie. 6.Aufl. München,Basel 1956. 432 S. II Ea 18359

Russell, B.: Philosophie des Abendlandes. Ihr Zusammenhang mit d. polit.u.sozialen Entwicklg. (Aus d.Engl.übers.) 3.Aufl. Darmstadt 1954. 690 S. II Ea 18356

Akademija nauk SSSR. Institut filosofii. Ausgewählte Schriften russischer Logiker des 19.Jh., russ.:) Izbrannye trudy russkich logikov XIX veka. Pod red. P.V.Tavanec. Moskau 1956. 403 S. III Eb 402

Wagner,W.: Die preußischen Reformer und die zeitgenössische Philosophie. Köln 1956. 151 S. II Ea 18204

4.Wirtschaftswissenschaft

Die allgemeine Krise des Kapitalismus. Die sozialistische Produktionsweise .Kap.XXI - XLIII u.Schlussfolgergn d.2.,erg.Ausg.d.Lehrbuches Polit.Ökonomie. Hrsg.f.d. Propagandisten, Lehrer u.Leiter d.Zirkel über polit.Ökonomie. Berlin 1956. 433 S. I Ea 18318

Le premier Plan quinquennal pour le developpement de l'économie nationale de la Republique Populaire de Chine. < 1953-1957 >. Peking 1956. 242 S. IV Ea 18158

Engel,J.: Das Unternehmen zwischen sittlicher Verantwortung und wirtschaftlicher Notwendigkeit. Freiburg i.Br. 1956. 141 S. II Ea 18124

Jahn,M.: Gab es in der vorgeschichtlichen Zeit bereits einen Handel? Berlin 1956. 40 S. I Eb 396

Karataev,N.K.: (Die Wirtschaftswissenschaften in der Moskauer Universität, russ.:) Ekonomičeskie nauki v Moskòvskom Universitete < 1755-1955 >. Moskau 1956. 343 S. III Ea 17865

Koch, W.: Die Bedeutung der theoretischen Ökonomik für die allgemeine Soziologie. Tübingen 1955. 21 S. II Ea 18041

Leont'ev, L.A.: (Der revolutionäre Umschwung in der politischen Oekonomie durch Karl Marx und Friedrich Engels, russ.:) Revoljucionnyj perevorot v političeskoj ekonomii, soveršennyj K.Marksom i F.Engel'som. Moskau 1955. 95 S. III Ea 15410

Lhoste-Lachaume, P.: Réhabilitation du libéralisme. Paris 1950. 371 S. V Ea 18334

Lochner, L.P.: Die Mächtigen und der Tyrann. < Tycoons and Tyrant >. Die dt.Industrie von Hitler bis Adenauer.(Aus d.Engl.übers.) Darmstadt 1955. 343 S. II Ea 18328

Report on national economic development and fulfilment of the state plan in 1954. Issued by the state statistical bureau of the people's Republic of China. Peking 1956. 48 S. IV Ea 18165

Naumann, R.: Theorie und Praxis des Neoliberalismus. Das Märchen v.d. freien oder sozialen Marktwirtschaft. Berlin 1957. 413 S. I Ea 18323

Die Ökonomik der volkseigenen Industriebetriebe. Red.H.Döring. T.2. Berlin 1957. 192 S. I Ea 18224

Pavel, K.H.: Formen und Methoden der Rationalisierung in Westdeutschland. Berlin 1957. 79 S. I Ea 18322

Poljanskij, F.J.: (Der wirtschaftliche Aufbau der Manufaktur Russlands im 18.Jahrhundert, russ.:) Ekonomičeskij stroj manufaktury v Rossii XVIII veka. Moskau 1956. 450 S. III Ea 14846

Deutsche Akademie der Wissenschaften zu Berlin. Jahrbuch des Instituts für Wirtschaftswissenschaften. Bd 1. Probleme der Politischen Oekonomie. Berlin 1957. 217 S. I Ea 18228

Schmid, C.: Mensch und Technik. Die sozialen u.kulturellen Probleme im Zeitalter d.2.industriellen Revolution. Bonn 1956. 26 S. II Ea 18092

Spiridonova, N.: (Warenproduktion und Wertgesetz im Sozialismus, russ.:) Tovarnoe proizvodstvo zakon stoimosti i den'gi pri socializme. Moskau 1956. 95 S. III Ea 14845

Sokolov, V., P.Nazarov: (Der sowjetische Handel in der Nachkriegsperiode, russ.:) Sovetskaja torgovlja v poslevoennyj period. Moskau 1954. 161 S. III Ea 15665

Vasjutin, V.F.: (Die Verteilung der Produktivkräfte der UdSSR im 6.Fünfjahrplan, russ.:) Razmeščenie proizvoditel'nych sil SSSR v šestoi pjatiletke. Moskau 1956. 47 S. III Ea 15692

Vikent'ev, A.J. (Die Entwicklung der Volkswirtschaft der UdSSR im 6.Planjahrfünft, russ.:) O razvitii narodnogo chozjajstva SSSR v šestoj pjatiletke. Moskau 1956. 47 S. III Ea 15774

(Mitteilung der Staatlichen Statistischen Leitung der Volksrepublik China über den Aufschwung der Volkswirtschaft und die Erfüllung des Staatl.Planes f.d.Jahr 1954, russ.:) Soobščenie gosudarstvennogo statističeskogo upravlenija KNR o pod'-eme narodnogo chozjajstva i vypolenii gosudarstvennogo plana za 1954 g.Peking 1956. 51 S. IV Ea 18238

Volodarskij, L.: (Ein Bericht über den 6.Fünfjahrplan, russ.:) Rasskaz o sestoj pjatiletke. Moskau 1956. 138 S. III Ea 17774

5.Geschichte

Ačarkin,A.N.: (Die Stolypinsche Reaktion. Der Kampf V.I.Lenins für die theoretischen Grundlagen der marxistischen Partei, russ.:) Stolypinskaja reakcija. Bor'ba V.I.Lenina za teoretičeskie osnovy marksistskoj partii. Moskau 1956. 33 S. III Ea 14587

Bausch,H.: Der Rundfunk im politischen Kräftespiel der Weimarer Republik 1923-1933. Tübingen 1956. 224 S. II Ea 18042

Bayer,Th.A.: England und der neue Kurs 1890-1895. Auf Grund unveröffentl.Akten. Tübingen 1955. 128 S. II Ea 18117

Becker,A.: Studien zum Investiturproblem in Frankreich. Papsttum, Königtum u.Episkopat im Zeitalter d.gregorianischen Kirchenreform < 1049-1119 >. Saarbrücken 1955. 262 S. II Ea 18388

Čistozvonov,A.N.: (Der Genter Aufstand 1539-1540, russ.:) Gentskoe vosstanie 1539-1540 gg. Moskau 1957. 214 S. III Ea 17891

Dedov,A.M.: (Der Kampf der kommunistischen Partei für die Festigung der Sowjets in den Jahren 1917-1920, russ.:) Bor'ba kommunističeskoj partii za ukreplenie sovetov v 1917-1920 gg. Moskau 1957. 54 S. III Ea 15943

Gibt es ein deutsches Geschichtsbild? Konferenz d.Ranke-Gesellschaft. Frankfurt/M.,Berlin,Bonn 1955. 140 S. II Ea 18262

Die Entstehung des Deutschen Reiches < Deutschland um 900 >. Ausgew.Aufsätze aus d.Jahren 1928-1954 mit e.Vorw.v.H.Kämpf. Darmstadt 1956. 385 S. II Ea 18286

Fedoseev, P.N.: (Die Rolle der Volksmassen und der Person in der Geschichte, russ.:) Rol'narodnych mass i ličnosti v istorii. Moskau 1956. 64 S. III Ea 15778

Das Problem der Freiheit in der deutschen und schweizerischen Geschichte. Mainauvortr. 1953. Lindau,Konstanz 1955. 177 S. II Ea 18071

Politischer Briefwechsel des Herzogs und Großherzogs Carl August von Weimar. Hrsg.v. W.Andreas. Bearb.v.H.Tümmler. Bd 1: Von den Anfängen der Regierg bis z.Ende d.Fürstenbundes 1778-1790. Stuttgart 1954. 597 S. II Ea 18070

Hofer,W.: Geschichte zwischen Philosophie und Politik. Studien zur Problematik d.modernen Geschichtsdenkens. Stuttgart 1956. 185 S. II Ea 18058

Jantke, C.: Der vierte Stand. Die gestaltenden Kräfte d.dt.Arbeiterbewegung im 19.Jh. Freiburg i.Br. 1955. 237 S. II Ea 18123

Jur'ev,M.F.: (Der Einfluss der Grossen Sozialistischen Oktoberrevolution auf die Entwicklung der nationalen Befreiungsbewegung der Völker des Ostens, russ.:) Vlijanie Velikoj Oktjabr'skoj Socialističeskoj Revoljucii razvitie naciol'no osvoboditelnogo dviženija narodov vostoka. Moskau 1956. 47 S. III Ea 15384

Karyškovskij, P.: (Der Aufstand unter Spartakus russ.:) Vosstanie Spartaka. Moskau 1956. 62 S. III Ea 18139

Korzec,P.: (Die revolutionären Kämpfe in Lodz und im Lodzer Bezirk in den Jahren 19o5-19o7, poln.:) Walki rewolucyjne w Łodzi i okregu Łódzkim w latach 19o5-19o7. Warschau 1956. 313 S. IV Ea 17876

Kruppa,R.: Die Niederlausitz griff zur Waffe. Die Abwehr d. Kapp-Putsches in der Niederlausitz. Berlin 1957. 77 S. I Ea 18461

Kuczynski,J.: Der Ausbruch des ersten Weltkrieges und die deutsche Sozialdemokratie. Chronik u. Analyse. Berlin 1957. 252 S.
I Ea 18319

Kuczynski,J.: Die Geschichte der Lage der Arbeiter in Deutschland von 1789 bis in die Gegenwart. 6.,verb.Aufl. Bd 1,T.2: 1871 - 1932. Berlin 1954. 353 S. I Ea 60

Mao Tse-tung: The Tasks of the Chinese Communist Party in the period of resistance to Japan. Peking 1956. 44 S. Ea 18168

Markov,W.;A.Soboul: Die Sansculotten von Paris. Dokumente z.Gesch. d.Volksbewegg 1793 - 1794. Berlin 1957. 531 S. I Ea 18196

Megenberg,K.von: Klagelied der Kirche über Deutschland. < Planctus ecclesiae in Germaniam.> Bearb.v.H.Kusch. Berlin 1956. 163 S.
I Ea 17797

Miller,R.: Die Lage und der Kampf der mecklenburgischen Landarbeiter und werktätigen Bauern unter Führung der Kommunistischen Partei Deutschlands gegen die Junkernherrschaft in den Jahren 1929-1933. Rostock 1955. 64 S. I Ea 14414

Močul'skij, N.F.: (Die Krise der Labour Party im Jahre 1931,russ.:) Krizis lejboristskoj partii v.1931 g. Moskau 1956. 234 S.
III Ea 17864

Murmann, H.: Die Triebkräfte der Geschichte. Eine Ereigniskunde. Meisenheim a.Glan 1956. 183 S. II Ea 18251

Oelsner,M.: Der Hamburger Aufstand im Jahre 1923. Leipzig,Jena 1957. 35 S. I Ea 18654

Raud,V.M.: (Die ökonomischen Voraussetzungen der ersten russischen Revolution 19o5-19o7, russ.:) Ekonomičeskie predposylki pervoj russkoj revoljucii 19o5-19o7 gg. Leningrad 1956. 116 S.
III Ea 17776

Reichmann,E.G.: Die Flucht in den Hass. Die Ursachen d.dt.Judenkatastrophe.(Aus d.Engl.übers.) Frankfurt/M. 1956. 324 S.
II Ea 17352

(Das antike Rom. 2.Aufl.,russ.:) Drevnij Rim.Pod red. D.P. Kallistova i S.L.Utčenko. 2.izd. Moskau 1955. 270 S. III Ea 15430

Savigny,F.C.von: Geschichte des römischen Rechts im Mittelalter. Bd 1-7. Darmstadt 1956. 7 Bde II Ea 18299

Schieckel, H.: Herrschaftsbereich und Ministerialität der Markgrafen von Meissen im 12.u.13.Jahrhundert. Untersuchgn über Stand u. Stammort d.Zeugen markgräfl.Urkunden. Köln, Graz 1956. 151 S.
II Ea 18274

Schmidt,M.: Evangelische Kirchengeschichte Deutschlands von der Reformation bis zur Gegenwart. Berlin, Bielefeld,München 1956.
II Eb 436

Schwarz,E.: Germanische Stammeskunde. Heidelberg 1956. 248 S.
II Ea 18120

Sowjetunion von A bis Z. In Frage u.Antwort durch Vergangenheit u. Gegenwart d.Sowjetlandes. Berlin 1957. 437 S. I Ea 18524

Štrange,M.M.: (Die russische Gesellschaft und die französische Revolution 1789-1794, russ.:) Russkoe obščestvo i francuzskaja revoljucija 1789-1794 gg. Moskau 1956. 202 S. III Ea 17890

Töpfer,B.: Volk und Kirche zur Zeit der beginnenden Gottesfriedensbewegung in Frankreich. Berlin 1957. 120 S. I Ea 18225

Akademija Nauk Uzbekskoj SSR. Institut Istorii i archeologii. (Geschichte der Usbekischen SSR. Bd 1, russ.:) Istorija Uzbekskoj SSR. Tom 1. Taschkent 1955. 542 S. III Eb 356

Wołkowiczer, I.: (Die Anfänge der sozialistischen Arbeiterbewegung im Königreich Polen in den Jahren 1876-1879. Beitr.z.d.geschichtl. Forschungen, poln.:) Poczatki socjalistycznego ruchu robotniczego w królestwie polskim lata 1876-1879. Warschau 1955. 214 S.
IV Ea 17652

Zaborov,M.A.: (Die Kreuzzüge, russ.:) Krestovye pochody. Moskau 1956. 277 S. III Ea 17817

Zetkin,C.: Ausgewählte Reden und Schriften. Bd 1: Auswahl aus d. Jahren 1889-1917. Mit e.Vorw.v.W.Pieck. Berlin 1957. 799 S.
I Ea 18324

Zimmermann, L.: Studien zur Geschichte der Weimarer Republik. Erlangen 1956. 68 S. II Ea 18353

6.Politik

Appel aux juristes du monde entier. Paris 1949. 26 S. V Ea 16653

Baumgarten, Ch.: Kenia klagt an. Leipzig, Jena 1956. 41 S.
I Ea 18665

Bremme,G.: Die politische Rolle der Frau in Deutschland. Eine Untersuchg über d.Einfluß d.Frauen bei Wahlen u.ihre Teilnahme in Partei u.Parlament. Göttingen 1956. 288 S. II Ea 18549

Carlo Schmid.Aufgabe u.Leistung. Berlin 1956. 38 S. II Ea 18350

Dennis,E.: Ideen, die sich nicht einkerkern lassen. Mit e.Vorw.v. W.Z.Foster. (Aus d.Engl.übers.) Berlin 1957. 283 S. I Ea 18186

Hou Kiao -Mou: Trente ans du Parti Communiste Chinois. Peking 1956. 131 S. IV Ea 18164

Hübner,W.: Über die Rolle der Volksmassen und der Heerführer im Krieg. Berlin 1957. 37 S. I Ea 18314

Hunt,R.N.C.: Théorie et pratique du communisme. Paris 1952. 306 S. V Ea 18443

Die Freie Welt im kalten Krieg. Geleitw.v.A.Hunold. Erlenbach-Zürich, Stuttgart 1955. 276 S. V Ea 18211

Keynes,J.M.: Politik und Wirtschaft. Männer u.Probleme.Ausgew. Abhandlgn. (Aus d.Engl.übers.) Tübingen,Zürich 1956. 296 S. II Ea 18119

Lilje, H.: Kirche und Welt. München 1956. 181 S. II Ea 18254

Mao Tse-tung: The Role of the Chinese Communist Party in the national war. Peking 1956. 33 S. IV Ea 18159

Ollenhauer, E.: An der Wende der deutschen Politik. Bonn 1956. 34 S. II Ea 18197

Protsch, H.: So müssen unsere Soldaten sein. Eine Betrachtg über das politisch-moralische Antlitz der Nationalen Volksarmee der DDR. Berlin 1957. 86 S. I Ea 18539

Triesch, G.: Die Macht der Funktionäre. Macht u.Verantwortg d.Gewerkschaften. Düsseldorf 1956. 480 S. II Ea 18675

Weber,J.: Der Kriegsdienstverweigerer und seine Verantwortung. Speyer 1956. 39 S. II Ea 18429

II.RECHTSWISSENSCHAFT

1.Gesetzesmaterialien und Dokumente (auch Verfassungen und Kurzkommentare)

Alexander - Katz, B.: Das Patent - und Markenrecht aller Kulturländer. 3.Aufl. Bd 1.2. Basel 1934/35. Bd 1. 1934. 447 S. Bd 2. 1935. 420 S. Ea 18216

(Materialien der dritten Sitzung der Allchinesischen Versammlung der Volksvertreter, russ.:) Materialy tret'ej sessii vsekitajskogo sobranija narodnych predstavitelej. Moskau 1956. 244 S. III Ea 18133

Bappert,W.;E.Wagner: Internationales Urheberrecht. Komm.z.Rev. Berner Übereinkunft < Brüsseler Text >,z.Welturheberrechtsabkommen. von W.Bappert u.E.Wagner München, Berlin 1956. 362 S.II Ea 18272

Bundesrahmentarifvertrag für das Baugewerbe < gewerbl.Arbeitnehmer > vom 6.7.1956 nebst Anhängen u.d.dazugehörigen Sondertarifverträgen sowie einem Schlichtungsabkommen f.d.Baugewerbe im Gebiet d.Bundesrepublik Deutschland. Köln,Wiesbaden,Berlin 1956. 420 S. II Ea 18357

Das Beamtenrecht in Nordrhein-Westfalen. Nach d.Stande v.1.Juni 1956. 2.,neubearb.u.erw.Aufl. Erl.von H.Korn. Siegburg 1956. 384 S. II Ea 18200

Bergmann,A.: Internationales Ehe-und Kindschaftsrecht. 3.,neu bearb. Aufl. Frankfurt/M. 1955. Loseblattsammlg II Ea 18075

Bundesentschädigungsgesetz.Bundesges.z.Entschädigung f.Opfer d. nationalsozialist.Verfolgg u.d.anderen Wiedergutmachggsvorschriften. Textausg.4.,erw.Aufl. München,Berlin 1957. 246 S. II Ea 18104

Second Preliminary Draft of proposed amendments to rules of civil procedure for the district courts of the United States Prepared by the Advisory Committee on rules for civil procedure. Washington 1945. 112 S. V Ea 15541

Constitution hellénique. < Entrée en vigueur le 1 er janvier 1952.> Athen 1955. 50 S. V Ea 16676

Les Constitutions de la France, de l'Italie,et de l'Allemagne. Athen 1951. 92 S. [griech.] V Ea 16674

Erasmus,H.: Erfinder und Warenzeichenschutz im In- und Ausland. Bd 3, T.3,1.2. Asien,Afrika und Australien. Berlin 1957. T.1: 812 S. T.2: S.813-S.1798. I Ea 10116

Gesetz über das gerichtliche Verfahren bei Freiheitsentziehungen mit AusländerpolizeiVO, SeuchenVO u.anderen Best. Textausg. München,Berlin 1956. 51 S. II Ea 18268

Habscheid,W.J.;K.Meyer: Neues Familienrecht. Rechtsgrundsätze z. Gleichberechtgg v.Mann u.Frau mit Fundstellen aus Rechtsprechg u. Schrifttum. Bielefeld 1957. Loseblattsammlg. II Ea 17942

(Die örtlichen Haushaltspläne. Sammlungen von Rechtsbestimmungen. Stand: 1.Aug.1955., poln.:) Budżety terenowe Zbior przepisów prawnych. Stan na dzién i sierpnia 1955 r. Warschau 1955. 450 S. IV Ea 12827

Holitschek,H.;R.Günther: Gesetzliche Bestimmungen für die betriebliche Energiewirtschaft. Hrsg.v.d.Hauptenergieinspektion HV Elektroenergie im Min.f.Kohle u.Energie, zsgest.u.bearb,mit e.Vorw. von A.Gräfe. 2.,unveränd.Aufl. Berlin 1957. 244 S. I Ea 18541

Insolvenzrecht. Textsammlg insolvenzrechtl.Best.mit Anmerkgn u. Verweisgn. Bearb.v.H.Bohnenberg.Köln,Berlin 1956. 394 S. II Ea 18006

Documents on international affairs 1952. Select.and ed.by D.Folliot. London 1955. 529 S. V Ea 18355

Kohlrausch-Lange: Strafgesetzbuch mit Erl.u.Nebengesetzen. 41.Aufl völl.neu bearb.v.R.Lange. Berlin 1956. 715 S. II Ea 18261

(Bestimmungen über die Verwendung,Nutzung und den Verkehr von Kraftfahrzeugen. 1.Erg.nach d.Stand v.31.Okt.1956, poln.:) Przepisy o gospodarowaniu eksploatacji i ruchu pojazdów samochodowych. Uzupełnienie 1. Według stanu prawnego na dzień 31 pazdziernika. Warschau 1956. 446 S. IV Ea 15883

Labour laws and regulations of the People's Republic of China. Peking 1956. 87 S. IV Ea 18166

Gesetz über das Landesstraf-und Verordnungsrecht auf dem Gebiet der öffentlichen Sicherheit und Ordnung < Landesstraf-u.Verordnungsges. - LStVG > vom 17.Nov.1956 < GVBl. S.261 >. Textausg.mit Erl.,e.Anh.u.Stichwortverz.Bearb.von G.Mayer,H.Martin,H.Bettinger. München 1956. 142 S. II Ea 18438

Mäder, K.: Allgemeine Verwaltungsvorschriften über die Erfassung der Wehrpflichtigen. < Erfassungsvorschriften > mit Erl.u. Musterbeispielen. Frankfurt/M. 1956. 54 S. II Eb 435

Mieterschutzgesetz. Komm. von H. Roquette. München, Berlin 1955. 675 S. II Ea 18245

(Militärstrafgesetzbuch für den Frieden, ital.:) Codice penale militare di pace. Commentato da E.F. Carabba. Florenz 1952. 431 S. V Ea 15649

Laws concerning the nationality of ships. United Nations Legislative Series. New York 1955. 203 S. V Ea 18022

Patentgesetz und Gebrauchsmustergesetz in d. Fassg v. 18. Juli 1953. 2. Aufl. Erl. von R. Busse. Berlin 1956. 726 S. II Ea 18265

Peaslee, A.J.: Constitutions of Nations. 2 nd ed. Vol. 1-3. Den Haag 1956. Vol. 1: 896 S. Vol. 2: 881 S. Vol. 3: 919 S. V Ea 18153

Peaslee, A.J.: International Governmental Organizations. Constitutional documents. Vol. 1.2. Den Haag 1956. Vol. 1: 719 S. Vol. 2: 845 S. V Ea 18256

Reichsversicherungsordnung mit Einführungsges., Nebenges. Ausführgs-, Erg.-u. Verfahrensvorschriften-Textausg. mit Anm.u. Sachverz. Hrsg. von F. Aichberger. Stand 1.1.1957. München, Berlin 1956. Loseblattausg. II Ea 18101

Reuss, H.: Verwaltungsrecht. Bes. Teil. < u.a. Wegerecht, Fluchtlinienrecht, Enteignungsrecht, Polizeirecht, Gemeinderecht >. Berlin 1956. 465 S. II Ea 18351

Schlegelberger, F.: Handelsgesetzbuch in der seit d. 1.10.1937 geltenden Fassung < ohne Seerecht >. Erl. v. E. Geßler, W. Hefermehl, W. Hildebrandt, G. Schröder. 3. überarb.u.erg. Aufl. Bd 1-4. Berlin, Frankfurt/M. 1955. 4 Bde II Ea 18243

Siebert, W.; M.L. Hilger: Arbeitsrecht. Sammlung verwaltungsrechtl. Vorschriften. 5. Aufl. Heidelberg 1956. Loseblattausg. II Ea 18403

Sozialgerichtsgesetz < SGG > vom 3. Sept. 1953 i.d.F. vom 10. Aug. 1954/17. Aug. 1955. Handkommentar von K. Hofmann; K. Schroeter. 2., völlig neubearb. Aufl. Berlin, Frankfurt/M. 1957. 415 S. II Ea 18012

(Das Strafgesetzbuch und das Recht von den Uebertretungen, 8. Aufl., poln.;) Kodeks karny i prawo o wykroczeniach. 8. wyd. Warschau 1956. 461 S. IV Ea 16036

United Nations. List of the treaty collections. Liste de recueils de traités. Lista de colecciones de tratados. New York 1956. 174 S. V Ea 18203

(Die Verfassung < das Grundgesetz > der RSFSR, russ.:) Konstitucija < osnovnoj zakon > Rossijskoj Sovetskoj Federativnoj Socialističeskoj Respubliki. Moskau 1956. 33 S. III Ea 17778

(Verwaltungsgesetzbuch. 2.Aufl.,ital.:) Codice amministrativo.A cura di L.Raggi e E.Guicciardi. 2.ed. Padua 1954. 2277 S.
V Ea 15608

Vortisch,O.;O.Zschucke: Binnenschiffahrts-und Flößereirecht. Erl.-Werk.2.,erg.Aufl. Bericht.Ausg. Berlin 1953. 707 S.
II Ea 18352

Wehrpflichtgesetz nebst Erfassungsvorschriften mit Komm.v.B.Hamelbeck. München 1956. 75 S.
II Ea 18218

Zwangsversteigerung und Zwangsverwaltung in der Deutschen Bundesrepublik und in Berlin-West. Komm.z.Zwangsversteigergsges. unter Berücks.d. Rechts aller Länder d.Bundesrepublik begr.v.A.Steiner. 7.,erg-u.durchges.Aufl.von H.Riedel. Berlin 1956. 1016 S.
II Ea 18083

2.Rechtswissenschaft allgemein

Drummond,W.F.: Social Justice. Milwaukee 1955. 132 S.V Ea 18076

Hasluck,M.: The unwritten Law in Albania. Ed.by J.H.Hutton. Cambridge 1954. 285 S.
V Ea 18423

Bericht über den Internationalen Juristen-Kongress. Athen-Griechenland 13.-20.Juni 1955. Den Haag 1956. 169 S.
V Ea 16230

Kirchmann,J.von: Die Wertlosigkeit der Jurisprudenz als Wissenschaft. Ein Vortr.geh.in d.Jurist.Ges.zu Berlin 1848. Darmstadt 1956. 46 S.
II Ea 18242

Krause,K.W.: Justitia und ihre Trabanten. Darmstadt 1955. 199 S.
II Ea 18331

(Eine wissenschaftl.Konferenz, die den einzelnen Fragen der sowjetischen Rechtswissenschaft gewidmet ist im Blickpunkt des XX. Parteitages. Die Thesen der Berichte, russ.:) Naučnaja konferencija,posvjaščennaja otdel'nym voprosam sovetskoj pravovoj nauki v svete rešenij XX s-ezda KPSS.Tezisy dokladov. Rostow am Don 1956. 30 S.
III Ea 15838

(Studien über Probleme der Staats-u.Rechtswissenschaft,ungar.:) Tanulmányok az állam és jog kérdései köréből. Budapest 1955. 339 S.
IV Ea 16274

3.Staats-und Rechtstheorie

Achermann, F.: Das Verhältnis von Sein und Sollen als ein Grundproblem des Rechts. Winterthur 1955. 125 S. Zürich,Jur.Fak.,Diss. vom 18.Juni 1955
V Ea 16622

Becker,W.G.: Das Common Law als Methode der Rechtsfindung. Tübingen 1952. S.38-57 Aus: Berliner Kundgebung 1952 des Deutschen Juristentages.
II Ea 17916

Betti,E.: Zur Grundlegung einer allgemeinen Auslegungslehre, Tübingen 1954. S.80-168. Aus: Festschrift f.Rabel. Bd 2.
II Ea 18034

Borisov,J.V.: (Die sowjetische Demokratie ist der bürgerlichen Demokratie überlegen, russ.:) Prevoschodstvo sovetskoj demokratii nad buzuaznoj. Moskau 1957. 47 S. III Ea 15944

Botero,G.: The Reason of state. Transl.by P.J.and D.P.Waley. The greatness of cities. Transl. by Robert Peterson. London 1956. 298 S. V Ea 18592

Weitere Bemerkungen über die historischen Erfahrungen der Diktatur des Proletariats. Aus d." Pekinger Volkszeitung" vom 29.Dez.1956. Berlin 1957. 44 S. I Ea 18296

Engisch,K.: Einführung in das juristische Denken. Stuttgart 1956. 220 S. II Ea 18399

Fellermeier,J.: Abriss der katholischen Gesellschaftslehre. Freiburg i.Br.1956. 239 S. II Ea 18152

Geiger,Th.: Vorstudien zu einer Soziologie des Rechts. Kopenhagen 1947. 347 S. V Eb 427

Heckel,H.: Recht und Gerechtigkeit. Materialien f.e.allg.Rechtserziehg. Stuttgart 1955. 75 S. II Ea 18057

Kirchner,R.: Die Legende vom Volkskapitalismus. Berlin 1957. 48 S. I Ea 18290

Machiavelli:Gedanken über Politik und Staatsführung. Übers.u.hrsg. von R.Zorn. 3.,durchges.Aufl. Stuttgart 1954. 226 S. II Ea 18394

Pevzner, Ja.A.: (Die Lage und der Kampf der werktätigen Klasse im gegenwärtigen Japan, russ.:) Položenie i bor'ba trudjaščichja klassov v sovremennoj Japonii. Moskau 1956. 101 S. III Ea 17863

Pearson,L.B.: Democracy in world politics. Princeton 1955. 121 S. II Ea 18358

Beiträge zur Rechtsforschung. Hrsg.v.E.Wolff. Tübingen 1950. 307 S. II Ea 18054

Ronin,S.L.: (Das Prinzip des proletarischen Internationalismus im sowjetischen sozialistischen Recht, russ.:) Princip proletarskogo internacionalizma v sovetskom socialističeskom prave. Moskau 1956. 270 S. III Ea 17818

Der Staat. Begriff, Wesen u.Inhalt.(Aus d.Russ.übers.) Berlin 1957. 130 S. I Ea 18173

Weinkauff,H.: Richtertum und Rechtsfindung in Deutschland. Tübingen 1952. S.16-34 Aus: Berliner Kundgebung 1952 des Deutschen Juristentages. II Ea 17915

Zarodov, K.: (Über die Eigenart der Formen des Überganges verschiedener Länder zum Sozialismus, russ.:) O svoeobrazii form perechoda različnych stran k socializmu. Moskau 1956. 70 S. III Ea 17889

4.Geschichte der Staats-und Rechtstheorie

Fernández,J.. Spanisches Erbe und Revolution. Die Staats-u.Gesellschaftslehre d.span.Traditionalisten im 19.Jh. Münster 1957. 127 S. II Ea 18202

Gerstenkorn,H.R.: Weltlich Regiment zwischen Gottesreich und Teufelsmacht. Die staatstheoret.Auffassgn Martin Luthers u.ihre polit. Bedeutg. Bonn 1956. 544 S. II Ea 18395

Mehling, J.: Essai sur Albert de Mun. Son oeuvre,l'évolution de la pensée, les déformations de cette pensée dans la législation francaise contemporaine. Freiburg/Schweiz, Jur.Fak.-Diss.vom 13.März 1952. 111 S. V Ea 15308

Schell,G.: Englisches Rechtsdenken im Werk Edmund Burkes.o.O.1955. 132 S. Frankfurt/M.,Phil.Fak.,Diss.vom 24.Febr.1954 II Ea 15756

Wolf,E.: Griechisches Rechtsgedenken. Bd 1-3. Frankfurt/M. 1950-1956 Bd 1: 1950 435 S. Bd 2: 1952 494 S. Bd 3,1 1954 336 S. Bd 3,2 1956 432 S. II Ea 18078

5.Staats-und Rechtsgeschichte

Asmus,H.: Rechtsprobleme des mittelalterlichen Fehdewesens. Dargest. an Hand südhannoverscher Quellen, vornehmlich d.Archivs d.Stadt Göttingen. Göttingen 1951. 87 S. Göttingen,Rechts-u.staatswiss. Fak.,Diss.vom 7.Febr.1951 II Ea 15764

Below,K.H.: Der Arzt im römischen Recht. München 1953. 136 S. II Ea 18099

Bog,I.: Dorfgemeinde, Freiheit und Unfreiheit in Franken. Stuttgart 1956. 88 S. II Ea 18079

Dodd,A.H.: The Growth of responsible government from James the First to Victoria. London 1956. 215 S. V Ea 18586

Eyck,E.: Geschichte der Weimarer Republik. Bd 2. Von d.Konferenz von Locarno bis zu Hitlers Machtübernahme. Erlenbach-Zürich, Stuttgart 1956. 621 S. V Ea 18636

Goljakov,I.T.: (Gericht und Gesetzlichkeit in der russischen schöngeistigen Literatur des 19.Jh., russ.:) Sud i zakonnost'v russkoj chudožestvennoj literature XIX veka. Moskau 1956. 168 S. III Ea 17813

Graven,J.: Le Procès criminel du Roman de Renart. Etude du droit criminel féodal au XII e siècle suivie d'un hommage et remerciement a l'université de Rennes. Genf 1950. 158 S. V Ea 18442

Keeton,G.W.: China,the Far East and the future. 2 nd ed. London 1949. 511 S. V Ea 18582

Mitteis, H.: Die Rechtsidee in der Geschichte. Ges.Abhandlgn u. Vorträge. Weimar 1957. 752 S. I Eb 426

Nicolini,U.:(Das Prinzip der Gesetzmässigkeit in der italienischen Demokratie. Gesetzgebung und Staatsrechtliche Lehre der Kommunalzeit. 2.Aufl.,ital.:) Il principio di legalità nelle democrazie italiane. Legislazione e dottrina politico-giuridica dell'età comunale. 2.ed. Padua 1955. 418 S. V Ea 15631

Niitemaa, V.: Das Strandrecht in Nordeuropa im Mittelalter. Helsinki 1955. 416 S. V Ea 18441

Patetta,F.: (Geschichte des italienischen Rechts. Einführung,ital.:) Storia del diritto italiano. Introduzione. Turin 1946. 292 S. V Ea 15642

Pereterskij,I.S.: (Die Digesten Justinians. Skizzen zur Entstehungsgeschichte und allgemeine Charakteristik, russ.:) Digesty Justiniana. Očerki po istorii sostavlenija i obščaja charakteristika. Moskau 1956. 128 S. III Ea 14967

Schneider, P.: Ausnahmezustand und Norm. Eine Studie zur Rechtslehre v.K.Schmitt. Stuttgart 1957. 295 S. II Ea 18568

Stier,H.E.: Die klassische Demokratie. Köln,Opladen 1954. 89 S. II Ea 18217

Wolf,G.: Florilegium testamentorum ab imperatoribus et regibus sive principibus nobilibus conditorum ab anno 1189 usque ad annum electionis Rudolfi illustris regis Reomanorum perductum. Heidelberg 1956. 47 S. II Ea 18118

Zasius,U.: Aus den Handschriften von Ulrich Zasius. < 1461-1535 >. Freiburg i.Br. 1957. 6 Bl. II Eb 418

6.Völkerrecht und Aussenpolitik

Bos.M.: De Procesvoorwaarden in het volkenrecht. Les conditions du procès en droit international public. Dordrecht 1951. 280 S. Leiden, Rechtswiss.Fak.,Diss.v.11.7.1951 V Ea 16694

Bräker,H.: Wirtschaftliche Zusammenarbeit mit unentwickelten Gebieten. Punkt-IV-Programm u.Colombo-Plan. Köln 1953. 46 S. II Ea 18008

Cansacchi,G.: (Begriffe des internationalen Kriegsrechts.2.Aufl., ital.:) Nozioni di diritto internazionale bellico. 2 Ed. Turin 1954. 141 S. V Ea 15648

United Nations. Commemoration of the 10 th anniversary of the signing of the Charter of the United Nations in the city of San Francisco on 26 June 1945. New York 1955. 299 S. V Eb 428

6 e Congrès de l'Association internationale des juristes democrates. Bruxelles 22-25 mai 1956. Travaux de la commission sur les principes juridiques de la coexistence pacifique. Bruxelles 1956. 71 S. V Ea 16838

La Commission Générale d'Enquete sur les crimes Allemands en Pologne. Les Crimes allemands en Pologne. Vol. 1. Warschau 1948. 243 S. IV Ea 16654

Congrès mondial des intellectuels pour la paix Wrocław-Pologne 25-28 août 1948. Warschau 1949. 228 S. IV Ea 16655

Delbez, L.: Manuel de droit international public. Droit général et droit particulier des Nations Unies. 2 me ed. Paris 1951. 442 S. V Ea 18337

Ermašev,I.: (Die internationale Zusammenarbeit. Warum sie notwendig ist und wie sie zu erweitern ist,russ.:) Meždunarodnoe sotrudničestvo.Počemu ono neobchodimo i kak ego rasširit'. Moskau 1956. 70 S. III Ea 17033

Gheorghiu-Dej,Gh.: Über die Aussenpolitik der Regierung der Rumänischen Volksrepublik. Rede auf d.5.Tagg d.Großen Nationalversammlg am 22.2.1955. Bukarest 1955. 35 S. IV Ea 18223

Grassi,M.: Die Rechtsstellung des Individuums im Völkerrecht. Winterthur 1955. 368 S. St.Gallen,Handels-Hochschule, Diss. V Ea 18116

Grotewohl,O.: Wem gehört die Zukunft? Die Verändergn im internat. Kräfteverhältnis. Berlin 1957. 63 S. I Ea 18462

Hackworth,G.H.: Digest of international law. Vol.1.-8. Washington 1940-44. 8 Bde Ea 18428

Holborn,L.W.: The International Refugee Organization. A specialized agency of the United Nations. Its history and work 1946-1952. London 1956. 805 S. V Ea 18258

Reports of international arbitral awards. Nations Unies. Recueil des sentences arbitrales. Vol.1-5. Leiden 1948-52. 5 Bde V Ea 18205

Keeton,G.W.;G.Schwarzenberger: Making international law work. 2 nd ed. London 1946. 266 S. V Ea 18600

(Völkerrechtliches Handbuch der Kriegsmarine, russ.:) Voenno-morskoj meždunarodno-pravovoj spravočnik. Moskau 1956. 350 S. III Ea 16033

Leont'ev, B.L.: (Abrüstung - der Weg zum Frieden, russ.:) Razoruženie-put'k miru. Moskau 1956. 30 S. III Ea 17767

Lie,T.: In the Cause of peace. Seven years with the United Nations New York 1954. 473 S. V Ea 18280

Mac Nair:International Law Opinions. Select.and annot. Vol.1-3. Cambridge 1956. Vol.1: 379 S., Vol.2: 415 S.,Vol.3: 415 S. V Ea 18255

Mao Tse-tung: The Situation and tasks in the anti-japanese war after the fall of Shanghai and Taiyuan. Peking 1956. 25 S.IV Ea 18163

Maschke,H.M.: Das Krupp-Urteil und das Problem der "Plünderung". Göttingen 1951. 141 S. II Ea 18270

Mason,H.L.: The European Coal and Steel Community. Experiment in supranationalism. Den Haag 1955. 153 S. V Ea 17216

Meisner,H.O.: Militärattachés und Militärbevollmächtigte in Preußen und im Deutschen Reich. Ein Beitr.z.Gesch.d.Militärdiplomatie. Berlin 1957. 87 S. I Ea 18526

Olden,G.: (Die USA über Lateinamerika, russ.:) SŠA nad Latinskoj Amerikoj. Moskau 1956. 73 S. III Ea 18129

Petrova,L.J.: (Der Kampf der Internationalen Demokratischen Frauenföderation für Frieden, für die Gleichberechtigung der Frauen und das Glück der Kinder, russ.:) Meždunarodnaja demokratičeskaja federacija ženščin zamir, ravnopravie ženščin i söast'e detej. Moskau 1956. 239 S. III Ea 14957

Annual digest and reports of public international law cases. Year 1949. Ed.by H.Lauterpacht. London 1955. 613 S. V Ea 18456

Re,E.D.: Foreign Confiscation in Anglo-American law. A study of the " Rule of decision" principle. New York 1951. 200 S. V Ea 18572

Rothfels, H.: Gesellschaftsform und auswärtige Politik. Laupheim 1951. 24 S. II Ea 18095

Schütz,W.W.: Wir wollen überleben. Aussenpolitik im Atomzeitalter. Stuttgart 1956. 215 S. II Ea 18458

Repertoire of the practice of the Security Council 1946-1951. New York 1954. 514 S. V Eb 437

Smith, H.A.: The Law and custom of the sea. 2 nd ed. London 1954. 224 S. V Ea 18599

Tschou En-Lai: On present international Situation, China's foreign policy, and the liberation of Taiwan. Deliv.at the 3 rd sess.of the 1 st National People's Congress on June 28, 1956. Peking 1956. 31 S. IV Ea 18170

Tyler, J.E.: Great Britain, the United States and the future. London 1947. 130 S. V Ea 18583

Volle, H.: Probleme der internationalen Abrüstung. Eine Darst.d. Bemühgn d.Vereinten Nationen 1945-1955. Frankfurt/M. 1956. 192 S. II Eb 433

Wegener,W.: Die internationale Donau. Völkerrechtliche Bemerkungen zum Belgrader Donau-Schiffahrtsabkommen von 1948. Göttingen 1951. 82 S. II Ea 18248

Die Wahrheit über den Weltfriedensrat. Hrsg.: Dt.Friedensrat, Berlin. Berlin 1957. 55 S. I Ea 18174

Wilcox,O.;C.M.Marcy: Proposals for changes in the United Nations. Washington 1955. 537 S. V Ea 18210

Wittmann,F.: Warum verschweigt man das Sudetenproblem? Ausgangspunkte u.Thesen zu e.Politik in d.Sudetenfrage mit e.Theorie d. Rechts auf d.Heimat. Geisenfeld 1956. 127 S. II Ea 18332

Zeydel,W.H.;W.Chamberlin: Enabling Instruments of Members of the United Nations. A compil.of the legisl.,executive orders and other instr.which determine the legal position of Members of the United Nations and special. agencies with respect to that organization. Part 1. The United States of America. New York 1951. 126 S. V Ea 18590

7.Staatsrecht

Balfour,M.;J.Mair: Four-power Control in Germany and Austria. 1945-1946. 1: Germany. 2: Austria. London 1956. 390 S. V Ea 18439

Bereczky,A.: Die ungarische Christenheit im neuen ungarischen Staat. Zürich 1948. 28 S. V Ea 18029

Bil'šaj, V.: (Die Lösung der Frauenfrage in der UdSSR, russ.:) Rešenie ženskogo voprosa v SSSR. Moskau 1956. 245 S. III Ea 17032

Borries, K.: Deutsche Einheit. Schicksal u.Auftrag. Schloß Laupheim 1954. 52 S. II Ea 18096

Büchner-Uhder, W.: Du und Deine Volksvertretung. Leipzig 1957. 23 S. I Ea 18226

Carter, B.E.: The Office of Prime Minister. Princeton 1956. 362 S. V Ea 18360

Ferguson, J.H.; D.E.Mc Henry: The American System of government. 4 th ed. New York 1956. 757 S. V Eb 430

Giese, F.: Staatsrecht. Grundlagen, Dt.Verfassgn, Ausländ.Verfassungssysteme. Wiesbaden 1956. 263 S. II Ea 18126

Gugler, A.: Rechtsetzung und Regierung im Kanton Zürich.< Verfassungsrecht u.Verfassungswirklichkeit >. Winterthur 1956. 204 S. Zürich, jur.Fak., Diss.von 1956 V Ea 18113

Hartmann, G.B.von: Für und wider das Mehrheitswahlrecht. 2.Aufl.mit e.Anh.: Wahlverfahren u.Bundestagswahl 1949 von E.P.Walk. Frankfurt/M. 1950. 46 S. II Ea 18389

Hinterhäuser, H.: Italien zwischen Schwarz und Rot. Stuttgart 1956. 225 S. II Ea 18400

Kerimov, M.A.: (Die Staatsform der Türkei, russ.:) Gosudarstvennyj stroj Turcii. Moskau 1956. 68 S. III Ea 17772

Zu den Beziehungen zwischen Kirche und Staat in der DDR. Eine Dokumentation mit Äusserungen führender Persönlichkeiten d.staatl.u. kirchl.Lebens. Berlin 1956. 74 S. I Ea 18321

Das Schandurteil von Karlsruhe. Ein Entscheid gegen Frieden, Freiheit, Einheit u.Recht. Erwiderg auf d.Begründg d.Verbots d.KPD durch d.Bundesverfassungsgericht v.17.Aug.1956. Berlin 1957. 120 S. I Ea 18195

Kuhn, M.B.: Das Prinzip der Einheit der Materie bei Volksinitiativen auf Partialrevision der Bundesverfassung.< Ein Beitr.z.d.Problemen d.Volksinitiativrechtes im Bunde.> Winterthur 1956. 180 S. Zürich, Jur.Fak., Diss.vom 28.Jan.1956 V Ea 16628

Merkurov, G.S.:(Der Kampf des deutschen Volkes für Frieden, Sicherheit Europas und für demokratische friedliche Wiedervereinigung Deutschlands, russ.:) Bor'ba nemeckogo naroda za mir, bezopasnost' Evropy, za demokratičeskoe mirnoe vossoedinenie Germanii. Moskau 1955. 31 S. III Ea 15414

Morozov, B.M.: (Die Schaffung und Festigung des sowjetischen Staatsapparates, russ.:) Sozdanie i ukreplenie sovetskogo gosudarstvennogo apparata. Moskau 1957. 215 S. III Ea 18131

Pobežimov, I.F.: (Die Organisierung der Sowjetarmee, russ.:) Ustrojstvo sovetskoj armii. Moskau 1954. 142 S. III Ea 15683

Podkopaev,I.Ja.: (Abhandlungen über den Kampf des Vietnamesischen Volkes um die Unabhängigkeit und Einheit seiner Heimat, russ.:) Očerki bor'by v'etnamskogo naroda za nezavisimost'i edinstvo svoej rodiny. Moskau 1957. 141 S. III Ea 18160

Schwartz,B.: American constitutional Law. With a foreword by A.L. Goodhart. Cambridge 1955. 364 S. V Ea 18422

New China advances to socialism. A selection of speeches delivered at the 3 rd sess.of the 1 st National People's Congress. Peking 1956. 199 S. IV Ea 18157

Stepanov,I.M.: (Die Entwicklung der sowjetischen Verfassung, russ.:) Razvitie sovetskoj konstitucii. Moskau 1957. 78 S. III Ea 18132

Šugaev,A.S.: (Die Bedeutung der Demokratisierung des Wahlsystems für die Eroberung der Mehrheit im Parlament durch die Arbeiterklasse, russ.:) Značenie demokratizacii izbiratelnoj sistemy dlja zavoevanija rabočim klassom bol'šinstva parlamente. Moskau 1956. 30 S. III Ea 17193

Sun Tan-Wei: A Village moves to socialism. Shanghai 1956. 47 S. IV Ea 15495

Tilinčuk, S.: (Die volksdemokratische Tschechoslowakei, russ.:) Narodnaja Čechoslovakija Moskau 1955. 117 S. III Ea 15666

Tuzmuchamedov,R.A.;B.G.Samsonov: (Die Staatsform Thailands, russ.:) Gosudarstvennyj stroj Tailanda. Moskau 1956. 42 S. III Ea 17869

Verfassungen nach dem zweiten Weltkrieg. Eine Untersuchg.bedeutsamer Erscheingn im öffentl.Recht d.Nachkriegszeit mit bes.Berücks. d.neuen Verfassgn in Westeuropa. Hrsg.v.A.J.Zurcher. Meisenheim/Glan 1956. 363 S. II Ea 18015

Die Volksarmee Vietnams. Beitr.u.Dokumente zum Befreiungskampf d. vietnamesischen Volkes. (Aus d.Engl.u.Französ.übersetzt) Berlin 1957. 206 S. I Ea 17900

(Zehn Jahre volksdemokratische Tschechoslowakei, russ.:) Desjat'let narodno-demokratičeskoj Čechoslovakii. Pod.red.S.J.Pracolov. (Aus d.Tschech.übers.) Moskau 1956. 202 S. III Ea 18142

8.Verwaltungsrecht

Alder,E,: Die staatliche Lenkung der schweizerischen Futtermitteleinfuhr. Winterthur 1956. 116 S. Zürich,Jur.Fak.,Diss.vom 26.Nov. 1955 V Ea 16623

Ananov,I.N.: (Die Arbeit eines Rayonsowjets auf dem Gebiet der örtlichen Industrie, russ.:) Rabota rajonnogo soveta v oblasti mestnoj promyšlennosti. Moskau 1956. 86 S. III Ea 18146

Bachof,O.: Die verwaltungsgerichtliche Klage auf Vornahme einer Amtshandlung. Zugl.e.Unters.über d.öff.-rechtl.Folgenbeseitigungsanspruch nach Aufhebg e.rechtswidrigen Verwaltungsaktes. Tübingen 1951. 183 S. II Ea 18040

Entwurf eines Baugesetzes vom 2.März 1956,aufgest.von d.Hauptkomm. f.d.Baugesetzgebg beim Bundesmin.f.Wohnungsbau.Köln 1956. 108 S. II Ea 18382

Beér,J.;O.Bihari: (Die Arbeit des Rates von Pusztaszabolcs, ungar.:) A pusztaszabolcsi tanács munkája. Budapest 1954. 159 S. IV Ea 16270

Christoffel,O.: Bauunternehmer - und Bauhandwerkerrecht unter Berücks. d.gesetzl.Bauvertragsrechts u.d.Bestimmgn d. VOB,mit Formularblättern über d.Bauvertrag. Düsseldorf 1956. 263 S. II Ea 18264

Emmrich,R.: Aufgaben und Struktur der Abteilung Arbeit in den volkseigenen Betrieben. Berlin 1957. 130 S. I Ea 18295

Freitag, F.: Die drei Arten von Gewerbebetrieben. Schemat.Darst.8., neubearb.Aufl. Köln,Berlin 1956. 1 Faltbl. II Ea 18249

Gieseke,P.: Rechtsfragen der Atomenergie. Karlsruhe 1956. 38 S. II Ea 18420

Gygi,F.: Verwaltungsrecht und Privatrecht. Über d.Bedeutg d.Privatrechts f.d.öffentl.Verwaltg u.seine Beziehgn zum Verwaltungsrecht. Bern 1956. 57 S. V Ea 18417

Heimpel,H.: Probleme und Problematik der Hochschulreform. Einl. zu d.von d.ständigen Konferenz d.Kultusminister u.von d.westdeutschen Rektorenkonferenz vom 19.bis 22.Okt.1955. Göttingen 1956. 27 S. II Ea 17277

Kantel,W.: Gemeindeverfassung und Gemeindeverwaltung. 2.,völl. überarb.Aufl. Göttingen 1956. 151 S. II Ea 18273

Klabunde, H.: Die Arbeitskräfteplanung in der volkseigenen örtlichen Industrie. Berlin 1957. 139 S. I Ea 18297

Macdonald,A.F.: American City government and administration. 6 th ed. New York 1956. 656 S. V Ea 17359

Riemann, T.: Die rechtlichen Beziehungen zwischen dem Ministerrat der Deutschen Demokratischen Republik und den Räten der örtlichen Organe der Staatsmacht. Berlin 1956. 351 S. Berlin,Humboldt-Univ., Jur.Fak.,Diss.vom 15.März 1957 I Eb 801

Savio,M.: Fragen der Rationalisierung und der Personalpolitik in der öffentlichen Verwaltung. Winterthur 1956. 106 S. V Ea 18112

Schippel,H.: Das Recht am eingerichteten und ausgeübten Gewerbebetrieb. München,Köln,Berlin 1956. 119 S. II Ea 18036

Sonntag, E.: Über die Arbeiterkontrolle der Gewerkschaften im Handel und im Wohnungsbau. Berlin 1957. 139 S. I Ea 18425

Stillhardt,A.: Eingemeindung oder Zweckverband. < Eine vergl.Gegenüberstellung an Hand d.Verhältnisse in d.Agglomeration Luzern.> Winterthur 1956. 129 S. Zürich,Jur.Fak.,Diss.vom 5.Nov.1955 V Ea 16515

Tanner, K.: Die Erteilung von Wasserrechtskonzessionen an interkantonalen und internationalen Gewässerstrecken. Winterthur 1956. 122 S.- Zürich,Jur.Fak.,Diss.vom 8.Mai 1954 V Ea 16513

Zeiß,F.: Das Eigenbetriebsrecht der gemeindlichen Betriebe unter bes. Berücks.d.Eigenbetriebsordng Nordrhein-Westfalen.Stuttgart,Köln 1956. 475 S. II Ea 18087

Zuppinger,W.: Der Schutz gegen sich selbst im Polizeirecht. Winterthur 1956. 149 S. Zürich,Jur.Fak.,Diss.vom 30.Nov.1953
V Ea 16527

9.Finanz-,Steuer-und Preisrecht

Bohmann,H.: Das Gemeindefinanzsystem. Stuttgart,Köln 1956. 42 S.
II Ea 18391

Sammlung der Entscheidungen und Gutachten des Bundesfinanzhofs. Hrsg.v.Bundesfinanzhof. Bd 58-63. Bonn 1954-57. 6 Bde II Ea 16409

(Die Finanzen der kapitalistischen Länder, russ.:) Finansy kapitalističeskich stran. Moskau 1956. 314 S. III Ea 18237

Deutsche Akademie für Staats-und Rechtswissenschaft "Walter Ulbricht" Lehrmaterial f.d.Fernstudium. Das Finanzrecht der Deutschen Demokratischen Republik. Berlin 1957. 65 S. I Ea 16551

Fischer,O.Chr.: Die staatliche Bankaufsicht. Basel 1939. 192 S.
Ea 18213

Flejšic,E.A.: (Die Kredit- und Zahlungsverhältnisse, russ.:) Rasčetnye i kreditnye pravootnošenija. Moskau 1956. 278 S.
III Ea 17954

Gisler,H.: Die Besteuerung der Aktiengesellschaften nach dem ausgeschütteten Gewinn. Winterthur 1956. 113 S. Zürich,Jur.Fak.,Diss. vom 25.Febr. 1956 V Ea 16519

Grodko,N.: (Das Kredit-und Geldsystem Indiens in der Periode der kolonialen Abhängigkeit, russ.:) Kreditno-denežnaja sistema Indii v period kolonial'noj zavisimosti. Moskau 1956. 343 S.III Ea 17770

Diskussionsbeiträge des Arbeitsausschusses für die Grosse Steuerreform. Ein Ber. an d.Finanzausschuss d.Bundesrates. Hrsg.v.H.Troeger. Stuttgart 1954. 156 S. II Eb 422

Die Inlandschulden der Gemeinden und Gemeindeverbände in Nordrhein-Westfalen nach d.Stande v.31.März 1955. Düsseldorf 1956. 86 S.
II Eb 407

Kirjuchin, V.T.: (Die Steuern der kapitalistischen Staaten - ein Mittel zur Ausbeutung der Werktätigen und der Bereicherung der Monopole, russ.:) Nalogi kapitalističeskich gosudarstv - orudie dopolnitel'noj ekspluatacii trudjaščichsja i obogaščenija monopolij. Moskau 1957. 145 S. III Ea 18137

Peter, W.: Der Blankokredit und seine Risiken. Beromünster 1956. 155 S. Zürich,Jur.Fak.,Diss.vom 9.Juli 1955 V Ea 16526

Planta,P.von: Die Besteuerung der juristischen Personen nach den Bestimmungen der natürlichen Personen. Winterthur 1955. 126 S. Zürich,Jur.Fak.,Diss.vom 11.Juli 1953 V Ea 16524

Schrempf, C.: Sparen und Verdienen durch Investment. München 1956. 68 S. II Ea 18431

Strickrodt,G.: Die Finanzverfassung des Bundes als politisches Problem. Tübingen 1951. 49 S. II Ea 18044

Verhoesel, G.: Die Finanzierung von Teilzahlungsverkäufen in Europa. Dortmund 1956. 55 S. II Ea 18510

Zimmermann,H.;G.Kraas;M.Rätzer: Geld und Kredit in der DDR. Lehrbuch. Berlin 1957. 607 S. I Ea 18312

10.Strafrecht,Strafprozeß

Baumann,J.: Der strafrechtliche Schutz bei den Sicherungsrechten des modernen Wirtschaftsverkehrs. Zugl.e.Beitr.z.Lehre v.d.Abhängigkeit d.Strafrechts vom Zivilrecht. Berlin 1956. 260 S. II Ea 18267

Blaese, E.: Die Förmlichkeiten der Revision in Strafsachen. Berlin, Frankfurt/M. 1956. 156 S. II Ea 18340

Cieślak,M.: (Grundsätze des Strafprozesses und deren System, poln.:) Zasady procesu karnego i ich system. Krakau 1956. S.156-205. Aus: Zeszyty naukowe Universytetu Jagiellonskiego. Nr.8.Pravo Z.3. 1956. IV Ea 16042

Čugunov,V.E.: (Der Strafprozeß in der Tschechoslowakischen Republik, russ.:) Ugolovnyj process Čechoslovackoj Respubliki. Moskau 1956. 146 S. III Ea 17777

Esser,A.: Die Ehrenstrafe. Stuttgart 1956. 131 S. II Ea 18405

Gernet,M.N.: (Die Geschichte des zaristischen Gefängnisses, russ.:) Istorija carskoj tjur'my. T.5. 1907-1917. Moskau 1956. 339 S. III Ea 16037

Guggenheim,R.E.: Die besondere Behandlung für Kinder und Jugendliche gemäss Art.85 und 92 StGB. Zürich 1956. 121 S.- Zürich,Jur.Fak., Diss.vom 28.Jan.1956 V Ea 16518

Gysin,K.: Todesstrafe und todeswürdige Verbrechen im schweizerischen Militärstrafrecht. Aarau 1953. 151 S.- Zürich,Jur.Fak.,Diss. V Ea 18212

Karamuntzos, A.: Die vorläufige Festnahme bei Flagrantdelikten. Bonn 1954. 86 S. II Ea 18440

Beiträge zur Statistik des Landes Nordrhein-Westfalen. Hrsg. Statist.Landesamt Nordrhein-Westfalen. Die Kriminalität in Nordrhein-Westfalen. Düsseldorf 1956. 145 S. II Eb 423

Kühlig,G.;G.Schwarz: Der Charakter der westdeutschen Strafgesetzgebung. Berlin 1957. 71 S. I Ea 18184

Menzi,H.: Die Änderung der Massnahme im Jugendstrafrecht. Zürich 1956. 154 S. - Zürich,Jur.Fak.,Diss.vom 28.Jan. 1956 V Ea 16626

O'Donnell, B.: Mussten sie morden? Motive u.Hintergründe d.furchtbarsten Verbrechen unserer Zeit. (Aus d.Engl.übers.) Zürich 1956. 232 S. V Ea 18094

Poljanskij,N.N.: (Fragen der Theorie des sowjetischen Strafprozesses, russ.:) Voprosy teorii sovetskogo ugolovnogo processa. Moskau 1956. 271 S. III Ea 18147

Stelzer, H.E.: Die Einstellung des Ermittlungsverfahrens. Berlin 1957. 189 S. Berlin,Humboldt-Univ.,Jur.Fak.,Diss.vom 15.März 1957 I Eb 800

Sträuli,F.: Das Verfahren gegen den Abwesenden im sch weizerischen Militärstrafprozess. Winterthur 1956. 95 S. - Zürich,Jur.Fak.,Diss. vom 5.Nov.1955 V Ea 16514

Lehrmethodische Anleitung zum Studium des Strafrechts der Deutschen Demokratischen Republik. Deutsche Akademie für Staats-und Rechtswissenschaft "Walter Ulbricht" Studienanleitung für das Fernstudium. Berlin 1956. 37 S. I Ea 15983

Deutsche Akademie für Staats-und Rechtswissenschaft "Walter Ulbricht". Lehrmaterial für das Fernstudium. Das Strafrecht der Deutschen Demokratischen Republik. Materialsammlung. Berlin 1956. 268 S. I Ea 15988

Strogovič,M.S.: (Die Überprüfung der Gesetzlichkeit und die Begründetheit der Gerichtsurteile, russ.:) Proverka zakonnosti i obosnovannosti sudebnych prigovorov. Moskau 1956. 318 S. III Ea 18127

Utevskij,B.S.;Z.A.Vyšinskaja: (Die Praxis der Anwendung der Gesetzgebung im Kampf gegen die Veruntreuung des sozialistischen Eigentums, russ.:) Praktika primenenija zakonodatel'stva po bor'be s chiščenenijami socialističeskogo imuščestva. Moskau 1954. 149 S.III Ea 18366

11.Kriminalistik,Gerichtliche Medizin,Gerichtspsychiatrie,-psychologie

Avdeev,M.I.: (Gerichtsmedizin,4.überarb.u.erw.Aufl.,russ.:) Sudebnaja medicina. 4.,pererab.i dop.izd. Moskau 1953. 519 S. III Ea 15864

Fink,A.O.: Verkehrsunfälle und ihre Untersuchung. Handbuch f.Beamte im Verkehrsdienst. In Zusammenarb.mit G.Daschner,H.Guggemos u. E.Baumann. Hamburg 1956. 535 S. II Ea 18247

Forrest,A.J.: Interpol.Internationale Kriminalpolizei im Kampf gegen weltweites Verbrechertum.(Aus.d.Engl.übers.) Oldenburg,Hamburg 1956. 228 S. II Ea 18287

Langelüddeke, A.: Gerichtliche Psychiatrie. Berlin 1950. 361 S. II Ea 18354

Psychologie im Dienste der Polizei. Von H.Maly u.a. Köln,Berlin 1956. 76 S, II Ea 18110

Vinberg, A.I.: Die Hauptprinzipien der sowjetischen kriminalistischen Expertise. Berlin 1957. 158 S. I Ea 18156

12.Gerichtsverfassung(einschließlich Staatsanwaltschaft, Justizverwaltung,Notariat,Anwaltschaft)

Brand,E.: Eidgenössische Gerichtsbarkeit T.1.2. Bern 1952-1956. Bd 1: 120 S. Bd 2: 258 S. V Ea 18416

Cohn,E.J.: Der englische Gerichtstag. Köln,Opladen 1956. 80 S. II Ea 18436

Ehrhardt,F.: Wegweiser durch das Notariatsrecht. Alphabet. Nachschlagebuch f.d. Praxis unter Mitarb.v.G.Douverne. Köln,Berlin 1953. 470 S. II Ea 18253

Evers,H.U.: Der Richter und das unsittliche Gesetz. Eine Untersuchg. Berlin 1956. 154 S. II Ea 18341

Kustanovič, S.D.: (Die gerichtliche Ballistik, russ.:) Sudebnaja ballistika. Moskau 1956. 407 S. III Ea 16030

(Die Sowjetische Staatsanwaltschaft, russ.:) Sovetskaja prokuratura. Moskau 1956. 507 S. III Ea 16027

13.Zivilrecht

Unsere Arbeiterwohnungsbaugenossenschaften. Hrsg.: Büro f.Arbeiterversorgung beim FDGB-Bundesvorstand. Berlin 1957. 124 S.I Ea 18320

Bär,R.: Das Fixgeschäft. Zürich 1956. 64 S. - Zürich,Jur.Fak., Diss.vom 7.Juli 1956 V Ea 16523

Brunn,J.H.von: Die formularmässigen Vertragsbedingungen der deutschen Wirtschaft. Der Beitr.d.Rechtspraxis z.Rationalisierung.2.Aufl. Köln,Berlin 1956. 177 S. II Ea 18252

Lehrbuch des bürgerlichen Rechts. Bd 2: Sachenrecht,Familienrecht u.Erbrecht. Bearb.von C.Römer u.F.Hafner. 16.neubearb.Aufl. Köln, Berlin 1956. 599 S. II Ea 18244

Beiträge zum bürgerlichen Recht. Hrsg.v.E.Wolff. Tübingen 1950. S.310-569. Sonderveröffentl.d.Zeitschrift f.ausld.u.internat. Privatrecht. II Ea 18023

Friedrich,H.P.: Die Wiedereinführung des Stockwerkseigentums in der Schweiz. Referat. Basel 1956. 261 S. V Ea 18281

Gersdorf,M.;T.Michałowski: (Rechtsgrundsätze für die Verrechnungen von Lieferungen, Dienst- und Arbeitsleistungen. Stand: 1.Okt.1956, poln.:) Zasady prawne rozliczeń za dostawy,usługi i roboty. Według stanu na dzien 1 paźd. 1956 r. Warschau 1957. 363 S. IV Ea 15877

Girsberger, A.: Die dingliche Surrogation. Der Begriff u.seine praktische Bedeutg f.d.schweizerische Recht. Aarau 1955. 151 S. - Zürich,Jur.Fak.,Diss.vom 9.Juli 1955 V Ea 16520

Jost,A.: Die Realobligation als Rechtsinstitut. Mit bes.Berücks. d.schweiz.Sachenrechts. Bern 1956. 187 S. V Ea 18418

Koumantos, G.: Erwerberhaftung bei Unternehmungsveräußerung. Rechtsvergleichende Studien z.Verdinglichg d.Gläubigerrechts. Hamburg 1955. 192 S. II Ea 18263

Kuhn,A.E.: Die Auskunftspflicht des Schuldners. Horgen 1956. 135 S. Zürich,Jur.Fak.,Diss.vom 25.Febr.1956 V Ea 16624

Savatier,R.: Les Métamorphoses économiques et sociales du droit civil d'aujourd'hui. 2 me ed. Paris 1952. 314 S. V Ea 18447

Schmerzensgeld. Entscheidungen von 50 bis 50 000 nebst Rentenkapitalisierungstabellen. Zsgest: von H.Chomse. Stuttgart 1956. 115 S. II Ea 18046

Venediktov, A.V.: (Der zivilrechtliche Schutz des sozialistischen Eigentums in der UdSSR, poln.:) Cywilnoprawna ochrona własności socjalistycznej w ZSRR. (Aus d.Russ.übers.) Warschau 1957. 263 S. IV Ea 15873

14. Urheber- und Erfinderrecht

Roeber, G.: Die Urheberschaft am Film. Probleme u.Aufgaben d.Rechtsform. Baden-Baden 1956. 49 S. II Ea 18049

Saenger, A.: Das Verhältnis der Berner Konvention zum innerstaatlichen Urheberrecht. Basel 1940. 83 S. Ea 18215

Soher, V.A.: Patents, trade-marks and copyrights. Law and practice. 9th ed. of Richards & Geier on patents. Basel 1954. 106 S. V Ea 18209

15. Vertragssystem und vertragsgerichtliches Verfahren

Keine Eingänge

16. Handelsrecht, Wertpapierrecht, Kartell- und Wettbewerbsrecht

L'Arbitrage commercial et la loi dans les différents pays. Résumé des règles concernant la convention arbitrale, la procédure, la sentence arbitrale, l'exécution des sentences et les voies recours par le Secrétariat Général de la Chambre de Commerce Internationale. Basel 1951. Getr.Pag. V Ea 18206

Borchardt, K.; W.Fikentscher: Wettbewerb, Wettbewerbsbeschränkung, Marktbeherrschung. Stuttgart 1957. 84 S. II Ea 16366

Escher, A.: Die Rechtsstellung des Verwaltungsrates nach dem Aktienrecht der Vereinigten Staaten von Nordamerika. Basel 1954. 102 S. V Ea 18208

Habicht, R.E.: Der Checkvertrag und das Checkrecht. Winterthur 1956. 84 S. - Zürich, Jur. Fak., Diss. vom 20.Nov.1954 V Ea 16516

Halbheer, H.J.: Die Haftung der Personalgesellschaft aus unerlaubter Handlung ihrer Mitglieder <insbes.nach Art.567/III OR >. Zürich 1956. 75 S.- Zürich, Jur. Fak., Diss. vom 28.Jan.1956. V Ea 16517

Hootz, Chr.: Grenzen der Freizeichnung des Spediteurs § 41 DASp. Hamburg 1954. 93 S. II Ea 18266

Piontek, G.: Die schweizerischen Annoncen-Expeditionen. Zürich 1956. XII S.- Zürich, Jur. Fak., Diss. vom 7.Juli 1956 V Ea 16525

Różański, I.: (Lehrbuch des Wechselrechts nebst Wechselmustern, 2.Aufl., poln.:) Podrecznik prawa wekslowego wraz z wzorami weksli. 2.wyd. Warschau 1957. 231 S. IV Ea 15881

Wagner,K.: Die Diskussion über ein Gesetz gegen Wettbewerbsbeschränkungen in Westdeutschland nach 1945. Zürich 1956. 106 S. V Ea 18100

Weber, R.: Die Legitimationspapiere im schweizerischen Recht. Winterthur 1956. 91 S.- Zürich,Jur.Fak.,Diss.vom 5.Nov.1955
V Ea 16635

Internationales Wettbewerbsrecht.Eine Zusammenfassg d.internat.Wettbewerbsrechts d.Unionsverträge u.d.Landesrechte gegen unlauteren Wettbewerb in allen Ländern d.Welt.Unter Mitw.erster Fachleute in allen Ländern. Hrsg.v.H.Isay u.René Mettetal. Bd 1: Europa. Zürich, Leipzig 1937. 498 S. Ea 18214

Wydler, T.: Die Protokollführung im schweizerischen Aktienrecht. Winterthur 1956. 125 S.- Zürich,Jur.Fak.,Diss.vom 26.Mai 1956
V Ea 16637

17.LPG-Recht,Bodenrecht,Landwirtschaftsrecht

Decisions on agricultural co - operation. Adopt. at the 6 th Plenary Sess. < Enlarged > of the 7 th Central Committee of the Communist Party of China. October 11, 1955. Peking 1956. 54 S. IV Ea 18169

The Draft Programme for agricultural development in the People's Republic of China 1956-1957. Peking 1956. 43 S. IV Ea 18162

Model regulations for advanced agricultural producers'co - operatives.Adopted on June 30,1956, by the 1 st National People's Congress of the People's Republic of China at its 3 rd session. Peking 1956. 33 S. IV Ea 18161

Dovring,F.: Land and labor in Europe 1900-1950. A comparative survey of recent agrarian history. Den Haag 1956. 480 S. V Ea 18259

Grigor'ev, V.K.: (Die gesetzlichen Grundlagen der Landbesitzverhältnisse in der Volksrepublik Bulgarien, russ.:) Zakonodatel'nye osnovy zemel'nych otnošenij v Narodnoj Respublike Bolgarii. Moskau 1956. 35 S. III Ea 17862

(Sammlung von Konsultationen über Fragen des Kolchosrechts, russ.:) Sbornik konsul'tacij po voprosam kolchoznogo prava. Moskau 1954. 414 S. III Ea 18372

Kozyr', M.I.: (Die Rechtsobjekte des kollektivwirtschaftlichen Eigentums, russ.:) Ob'ekty prava kolchoz.noj sobstvennosti i ich pravovoj režim. Moskau 1956. 230 S. III Ea 17814

V.Konferenz der Vorsitzenden und Aktivisten der Landwirtschaftlichen Produktionsgenossenschaften vom 26.bis 28. Febr.1957 in Rostock. Hrsg.vom Ministerium f.Land- u.Forstwirtschaft d.DDR. Berlin 1957. 382 S. I Ea 18172

18.Familienrecht

Ehe und Familie. Grundsätze,Bestand u.fördernde Maßnahmen.Hrsg.v. A.u.R.Scherer u.J.Dornreich. Freiburg i.Br.1956. 295 S. II Eb 432

Stein,B.: Der Familienlohn. Probleme e.familiengerechten Einkommensgestaltg. Berlin 1956. 268 S. II Ea 18003

19.Zivilprozeß und Freiwillige Gerichtsbarkeit

Domenig,J.E.: Die Verhütung widersprechender Zivilurteile,insbesondere durch den Gerichtsstand des Sachzusammenhangs. Aarau 1954. 162 S. - Zürich,Jur.Fak.,Diss. V Ea 18207

Holberg,L.: Die Rechtsmittel des genferischen Zivilprozessrechtes. Winterthur 1956. 133 S.- Zürich,Jur.Fak.,Diss.vom 25.Febr.1956 V Ea 16625

Judel'son,K.S.: (Der sowjetische Zivilprozeß, russ.:) Sovetskij graždanskij process. Moskau 1956. 438 S. III Ea 18374

Neuhaus,B.: Die Herrschaft der Parteien auf Grund der Freiburger Zivilprozessordnung von 1849. Winterthur 1955. 68 S.- Zürich,Jur.Fak., Diss.von 1955 V Ea 18111

Rordorf,J.: Die freiwillige Prozessintervention im italienischen Zivilprozess. Winterthur 1956. 104 S.- Zürich,Jur.Fak.,Diss.vom 5. Mai 1956 V Ea 16634

Schär,H.: Der als Urteilsgrundlage massgebende Zeitpunkt, insbes.in Schuldbetreibungs-u.Konkurssachen. Winterthur 1955. 105 S.- Zürich, Jur.Fak.,Diss.vom 19.Febr.1955 V Ea 16632

Weber, E.: Der Rekurs "Wegen Verletzung klarer Prozessvorschriften" im zürcherischen Zivilprozess < § 334 Ziff.3 a. E.ZPO >.Winterthur 1956. 240 S.- Zürich,Jur.Fak.,Diss.vom 12.Juli 1952 V Ea 16528

20.Arbeits-und Sozialrecht incl.Verfahren

Aleksandrov,N.G.;J.L.Kiselev;A.I.Stavceva: (Das Arbeitsrecht der Arbeiter und Angestellten in der UdSSR, russ.:) Trudovye prava rabočich i služaščich v SSSR. Moskau 1956. 197 S. III Ea 18380

Andreev,V.S.;P.A.Gureev: (Die organisierte Anwerbung der Arbeiter in der UdSSR. Rechtliche Fragen, russ.:) Organizovannyj nabor rabočich v SSSR.Pravovye voprosy. Moskau 1956. 135 S. III Ea 17125

Braun,H.: Industrialisierung und Sozialpolitik in Deutschland. Köln, Berlin 1956. 125 S. II Ea 18109

Dahrendorf,R.: Industrie- und Betriebssoziologie. Berlin 1956. 120,20 S. II Ea 18017

Richter,Staatsanwälte und Gewerkschaften. Bericht über d.Tagg: Das Streikrecht in der Demokratie am 2.April 1955. 2.Aufl. o.O.1955. 117 S. II Ea 18102

Dulles,F.R.: Die Arbeiterbewegung in den USA. Geschichte d.amerikanischen Gewerkschaften von ihren Anfängen bis heute. Paderborn, Zürich 1956. 619 S. II Ea 17336

Furtwängler,F.J.: Die Gewerkschaften. Ihre Geschichte u.internationale Auswirkung. Hamburg 1956. 149 S. II Ea 18269

Häussler,E.: Der Arbeitnehmer von morgen. Mit-Eigner u.Mit-Träger in d.Wirtschaftsgesellschaft. 3.,erw.u.überarb.Aufl. Stuttgart 1956. 44 S. II Ea 18106

Heubeck,G.: Die Rentenreform in Zahlen. Rentenanhebg, künftige Renten,Befreig, Weiterversicherg, Höherversicherg. 3.,durchges.Aufl. Heidelberg 1957. 64 S. II Ea 18421

Injutin, G.: (Was bietet den Werktätigen das neue Rentengesetz, russ.:) Čto daet trudjaščichsja novyj pensionnyj zakon. Moskau 1956. 37 S. III Ea 15669

Jacobi,E.: Die Konfliktkommissionen in der Deutschen Demokratischen Republik. Berlin 1957. 68 S. I Ea 18221

Jünke,F.: Altersversorgung durch Fürsorge oder Vorsorge? Allgemeinverständl.Darst.d.Probleme d.Rentenvers.unter Berücks.d.Gesetzentwürfe z.Sozialreform. Bielefeld 1956. 91 S. II Ea 18198

Leist,W.: Was uns die Arbeit mit der Sozialversicherung lehrt. Berlin 1957. 92 S. I Ea 18291

Miller,M.: Automatisierung - Wohlstand oder Elend? Berlin 1957. 111 S. I Ea 18317

Müller,E.: Zur materiellen Lage der Industriearbeiter Westdeutschlands. Berlin 1957. 184 S. I Ea 18315

Schraepler,E.: Quellen zur Geschichte der sozialen Frage in Deutschland. Bd 1: 1800-1870.Göttingen,Berlin,Frankfurt 1955. 155 S. II Ea 18283

Die soziale Wirklichkeit. Aus e.Untersuchg d.Inst.f.Demoskopie. Mit e.Vorw.von O.Lenz. Allensbach/Bodensee 1956. 59 S. V Ea 18415

21.Internationales Privatrecht

Adriaanse,P.: Confiscation in private international law. Den Haag 1956. 193 S. V Ea 18257

Balaster,G.W.: Die ungerechtfertigte Bereicherung im internationalen Privatrecht. Winterthur 1955. 104 S.- Zürich,Jur.Fak.,Diss. vom 30.Okt.1954 V Ea 15622

Pallieri,G.B.:(Internationales Privatrecht.2.erw.Aufl.,ital.:) Diritto internazionale privato. 2.ed. aumentata. Mailand 1950. 258 S. V Ea 18278

22.Festschriften

Rechtsquellenprobleme im schweizerischen Recht.Festgabe d.Rechts- und Wirtschaftswissenschaftl.Fakultät d.Universität Bern f.d.Schweizerischen Juristenverein. Jahresversammlung 1955. Bern 1955. 439 S. V Ea 18419

Das deutsche Privatrecht in der Mitte des 20.Jahrhunderts.Festschr. f.H.Lehmann zum 80.Geb.Hrsg.in Gemeinschaft mit d.Mitarb.v.H.C. Nipperdey. Bd 1.2.Berlin,Tübingen,Frankfurt/M.1956. Bd 1: 480 S. Bd 2: S.484-944 II Ea 18349

23.Juristische Ausbildungs-und Prüfungsfragen

Keine Eingänge

D. ÜBERSETZUNGEN AUS DER ZEITSCHRIFT "SOVETSKOE GOSUDARSTVO I PRAVO [1)]

Inhaltsverzeichnis von 1957, Heft 6:

Das Gesetz über die weitere Vervollkommnung der Organisation der Leitung der Industrie und des Bauwesens. S.3 -10

Romaškin,P.S.;K.A.Mokičev(Romaschkin,P.S.;K.A.Mokitschew): Für die weitere Verbesserung der Arbeit des Rechtsinstituts der Akademie der Wissenschaften der UdSSR. S.11-19

Nedbailo, P.E.: Die juristischen Garantien einer richtigen Verwirklichung der sowjetischen Rechtsnormen. S.20-29

Kalinyčev,F.I.(Kalinitschew,F.I.): Die russische Revolution`und die Staatsduma. S.29-39

Farberov,N.P.(Farberow,N.P.): Über die Einheit der sozialistischen Staaten und die Eigenart ihrer politischen Formen. S.40-51

Dogadov,V.M.(Dogadow,W.M.): Das Recht auf Kündigung auf eigenen Wunsch des Arbeiters. S.52-61

Baginjan,K.A.: Das Prinzip der Nichteinmischung und das Statut der UNO. S.62-70

Uustal',A.T.: Die Grundfragen der rechtlichen Regelung der territorialen Gewässer. S.71-79

Vorschläge über die Vervollkommnung der Gesetzgebung

Judel'son,K.S.: Zur Frage über die Grundlagen der Gesetzgebung über die Zivilprozeßordnung. S.80-90

Kogan,M.E.: Über die Kodifizierung des sowjetischen Bergbaugesetzes. S.91-100

Diskussionen und Erörterungen

Šargorodskij,M.D.;O.S.Joffe(Schargorodskij,M.D.): Über das System des Sowjetrechts. S.101-110

Übersicht der Gerichts- und Arbitragepraxis

Orlov,V.S.(Orlow,W.S.): Zur Frage von der Verantwortlichkeit gegen das Bestehlen der Verbraucher und das Betrügen des Sowjetstaates. S.111-116

1) Die hier angezeigten Artikel werden laufend übersetzt und sind gemäß der Benutzungsordnung der Bibliothek des Deutschen Instituts für Rechtswissenschaft ausleihfähig.

Aparnikova,C.M.(Aparnikowa,Z.M.): Das Überprüfen des Gutachtens der Sachverständigen in der Gerichtspraxis. S.117-120

Mitteilungen und Notizen

Popova,T.N.(Popowa,T.N.): Das neue Wahlgesetz der Bundesrepublik Deutschlands. S.121-124

Wissenschaftliches Leben

Im Allunionsinstitut für Rechtswissenschaften. S.125-130

Beratung über Fragen der juristischen Hochschulbildung in der UdSSR. S.130-132

Rezensionen

Cypkin,A.L.(Zipkin,A.L.): Über das Buch von Strogovič, "Die Überprüfung der Gesetzlichkeit und Begründetheit der Gerichtsurteile". Moskau 1956. S.133-136

Gincburg,L.J.(Ginzburg,L.J.): Über die "Sammlung gesetzgebender Akte über die Arbeit". Verantwortl. Redakteur: D.G.Karev. Moskau 1956. S.136-139

Die juristische Wissenschaft im Auslande

Min'kovskij,G.M.(Minkowskij,G.M.): Übersicht über die bulgarische juristische Zeitschrift "Socialističesko pravo" für das Jahr 1956. S.140-146

Kovalev,F.N.;V.G.Spirin(Kovaljew,F.N.): Über das Buch von E.Ramirez Novoa,"La Farsa del Panamericanismo y la Unidad Indoamericana", Buenos Aires 1955, S.146-150

Bibliographie

Neue juristische Literatur in der UdSSR (Februar-März 1957) S.151-154

Juristische Literatur in den Ländern der Volksdemokratie, Volksrepublik Bulgarien 1956-1957. S.154-157

Die juristische Literatur im Ausland, Das Völkerrecht (1955-1956) S.157-159

Inhaltsverzeichnis von 1957,Heft 7:

Gorman,A.J.: Die staatliche Tätigkeit V.I.Lenins in der Stellung des Vorsitzenden des Sowjets der Arbeiter-und Bauernverteidigung. S.3 -11

Želudkov,A.A.(Sheludkow,A.A.): Die Ansichten A.I.Herzens über den Staat. S.12-21

Smirnov,L.N.(Smirnow,L.N.): Die neue Verordnung über das Oberste Gericht der UdSSR und sein erstes Plenum. S.22-31

Pavlov, I.V.(Pawlow, I.W.): Einige Fragen zur Rechtslage der Landwirtschaftlichen Produktionsgenossenschaften der Volksrepublik China. S.32 -42

Volodarskij, P.G.(Wolodarskij,P.G.): Die Einrichtung der vorfristigen Entlassung im sowjetischen Strafrecht und ihre Anwendung in der Praxis. S.43 -51

Epštejn,A.L.(Epschtejn,A.L.): Die neue Untersuchungsordnung in Arbeitsstreitsachen. S.52-61

Čerepachin,B.B.(Tscherepachin,B.B.): Streitfragen des Begriffes und der Wirkung der Verjährung einer Klage. S.62 -70

Bogdanov,O.V.(Bogdanow,O.W.): Verhandlungen sind das Hauptmittel einer friedlichen Regelung der internationalen Meinungsverschiedenheiten. S.71 -80

Vorschläge zur Vervollkommnung der Gesetzgebung

Orlovskij,P.E.(Orlowskij,P.E.): Zur Bearbeitung der Grundlagen der Zivilgesetzgebung der Sowjetunion. S.81 -88

Borodin,S.V.;A.J.Grun: Zur Frage über die Reform der Gerichtsverwaltung und des Untersuchungsapparates in der UdSSR. S.89 -98

Diskussionen und Besprechungen

Alekseev, S.S.(Alexeew,S.S.): Über die theoretischen Grundlagen der Klassifizierung der Zweige des Sowjetrechts. S.99-107

Übersichten der gerichtlichen und schiedsgerichtlichen Praxis

Morgulis,M.I.: Die Praxis des Staatlichen Schiedsgerichts in Streitsachen, in Zusammenhang mit zentralen Bauvorhaben. S.108-113

Mitteilungen und Notizen

Rivlin,A.L.(Riwlin,A.L.): Die Gesetzlichkeit und Wahrhaftigkeit des Gerichtsurteils. S.114-117

Kompaneec,E.S.(Kompanejez,E.S.): Die Kaution als Garantiemittel für kurzfristige Kredite der Staatsbank der UdSSR. S.118-121

Malinin,S.A.: Rechtsformen der internationalen Zusammenarbeit auf dem Gebiet der friedlichen Ausnutzung der Atomenergie. S.122-127

Das wissenschaftliche Leben

Baglaj,M.V.: Die neue Ordnung und die Untersuchungen der Arbeitsstreitsachen. S.128-129

Die wissenschaftliche Konferenz der Kiewer und Charkower wissenschaftlichen Forschungsinstitute für Gerichtsexpertise S.129-131

In der Lettischen Staatlichen Universität. S.132

Die Verteidigung von Doktordissertationen. S.132-133

Rezensionen

Vas'kov,P.T.;M.I.Kovalev(Waskow,P.T.;M.I.Kovaljew): C.A.Jampol'skaja und E.V.Sorina,"Verwaltungsrechtliche Fragen zur Festigung der Staatsdisziplin". Moskau 1955. S.134-136

Efimova,A.L.(Jefimowa,A.L.): M.A.Krutogolov "Die zentralen Machtorgane der Französischen Republik". Moskau 1956. S.137-139

Lukašuk,I.I.(Lukaschuk,I.I.): N.A.Ušakov "Das Einstimmigkeitsprinzip der Großmächte in der Organisation der Vereinten Nationen". Moskau 1956. S.140-141

Rechtswissenschaft im Ausland

Van Šu-ven(Wan Schu-wen): Diskussion der chinesischen Juristen über das Eigentumsrecht der Kapitalisten an den Produktionsmitteln in den gemischten und privaten Unternehmen. S.142-144

Lebedev,M.P.(Lebedew,M.P.): Überblick über die tschechoslowakische juristische Zeitschrift "Právnik" für 1956. S.145-150

Peskov,E.B.: Scotland Yard - eine Waffe der Diktatur der englischen Bourgeoisie. S.150-154

Chronik. S.154-155

Bibliographie

Die neue Rechtsliteratur in der UdSSR (März-April 1957) S.156-159

Die Rechtsliteratur des Auslands. Internationales Recht (1955-1956) S.159-160

E. 13.(27.) VERZEICHNIS DER IN DER BIBLIOTHEK DES DEUTSCHEN INSTITUTS FÜR RECHTSWISSENSCHAFT VORHANDENEN UNVERÖFFENTLICHTEN ÜBERSETZUNGEN [1)]

1. Gesetzesmaterialien und Dokumente (auch Verfassungen und Kurzkommentare)

Gesetz über die staatlichen Renten. Zakon o gosudarstvennych pensijach [dt.] 18 S.
Aus: Izvestija. 1956, Nr 168.
[Betr.: UdSSR.] ÜR 971

Gesetz über die Aufnahme von Veränderungen und Ergänzungen in den Text der Verfassung < des Grundgesetzes > der UdSSR. Zakon o vnesenii izmenenij i dopolnenij v tekst konstitucii < Osnovnogo zakona > SSSR [dt.] 5 S.
Aus: Izvestija. 1957, Nr 111 v.11.5.57. ÜR 975

2. Philosophie

Ukraincev, B.S.: Die aktive Rolle der Form in der gesellschaftlichen Entwicklung. Aktivnaja rol' formy v obščestvennom razvitii [dt.] 22 S.
Aus: Voprosy filosofii. 1956/6. ÜR 970

3. Rechtswissenschaft (Aufgaben und Methoden)

Bericht aus der Sitzung des Ausschusses für Rechtswissenschaften. Sprawozdanie z posiedzenia Komitetu Nauk Prawnych [dt.] 15 S.
Aus: Państwo i prawo. 1957/3.
[Betr.: Polen.] ÜP 527

Janicka, B.: Bericht über die Plenartagung des Ausschusses für Rechtswissenschaften. Sprawozdanie z plenarnego posiedzenia Komitetu Nauk Prawnych [dt.] 6 S.
Aus: Państwo i prawo. 1957/2.
[Betr.: Polen.] ÜP 519

Bericht über die Arbeit der Kodifikationskommission. Sprawozdanie z prac komisji kodifikacyjnej [dt.] 21 S.
Aus: Państwo i prawo. 1957/3.
[Betr.: Polen.] ÜP 525

1) Die hier angezeigte Literatur ist gemäß der Benutzungsordnung der Bibliothek des Deutschen Instituts für Rechtswissenschaft für die Mitglieder des Deutschen Instituts für Rechtswissenschaft, Ministerien und zentrale Institutionen der Deutschen Demokratischen Republik und nach der Leihverkehrsordnung der Bibliotheken ausleihfähig.-Verzeichnis 1 - 4 erschien hektographiert, Verzeichnis 5 - 14 ist enthalten im Mitteilungsblatt des Deutschen Instituts für Rechtswissenschaft 1953, Nr.1 - 1955, Nr. 3

Über die Massnahmen zur Verbesserung der Arbeit des Rechtsinstituts. O meral po ulučšeniju raboty instituta prava [dt.] 4 S.
Aus: Vestnik akademii nauk SSSR. 1957/4.
[Betr.: UdSSR.] ÜR 973

4.Staats- und Rechtstheorie

Aleksandrov, N.G.: (Alexandrow,N.G.): Die Rechts-und Produktionsverhältnisse in der sozialistischen Gesellschaft. Pravovye i proizvodstvennye otnošenija v socialističeskom obščestve [dt.] 23 S.
Aus: Voprosy filosofii. 1957/1. ÜR 967

Maneli,M.: Der Begriff der Funktion des Staates. (Pojecie funkcij państwo [dt.] 40 S.
Aus: Państwo i prawo. 1957/1. ÜP 533

5.Geschichte der Staats-und Rechtstheorie

Keine Eingänge

6.Staats-und Rechtsgeschichte

Keine Eingänge

7.Völkerrecht und Außenpolitik

Keine Eingänge

8.Staatsrecht

Kardelj, E.: Über die gesellschaftlichen und politischen Grundlagen der Föderativen Volksrepublik Jugoslawien und die Bundesorgane der Staatsgewalt. Rede zum Entwurf des Verfassungsgesetzes am 12.I.1953.
Aus: Kardelj, Edv.: Problemi nase socijalisticke izgradnje, 58 S.
Beograd 1954, Bd 2, S.258-295.
[Betr.: Jugoslawien.] ÜSerb 1

9.Gerichtsverfassung(einschließlich Staatsanwaltschaft, Justizverwaltung,Notariat und Anwaltschaft)

Keine Eingänge

10.Verwaltungsrecht und Allgemeine Aufsicht des Staatsanwalts

Jasinski,J.A.: Über den Entwurf des Verwaltungsstrafrechts. O projekcie prawa karno-administracyjnego [dt.] 8 S.
Aus: Nowe prawo. 1957/5.
[Betr.: Polen.] ÜP 521

Plundr,O.: Die Neuregelung der Aufsicht des Staatsanwalts. Nowá úprava prokuratorského dozoru [dt.] 30 S.
Aus: Právník. 1957/3.
[Betr.: ČSR.] ÜT 416

11.Finanzrecht

Keine Eingänge

12.Strafrecht,Strafprozeß

Beran,J.: Die Körperverletzung und die schwere Gesundheitseinbusse. Ublížení na zdraví a těžká újma na zdraví [dt.] 40 S.
Aus: Socialistická zákonnost. 1957/Nr 3. ÜT 422

Cieślak,M.: Tagung über Beweisfragen im Strafprozess, Berlin < DDR > 7.-8.Dezember 1956. Konferencja w sprawie dowódów w procesie karnym, Berlin < N.R.D.> 7-8 XII 1956 r. [dt.] 3 S.
Aus: Państwo i prawo. 1957/3. ÜP 529

Die Kriminalität in Polen in den Jahren 1954 und 1955. Przestepozość w Polsce w latach 1954 i 1955 [dt.] 7 S.
Aus: Przeglad zagadnień socjalnych. 1956/6. ÜP 536

Leonieni,M.: Über die bedingte Strafaussetzung im Entwurf des Strafgesetzbuches der Volksrepublik Polen < Art.66-69 >. O warunkowym zawieszeniu wykonania kary w projekcie k.k. PRL < Art. 66-69 > [dt.]
Aus: Państwo i prawo. 1957/3. 41 S. ÜP 535

Pauk,J.: Der "sogenannte" Versuch am untauglichem Objekt "Tak zvaný" pokus na nezposobilém předmetu [dt.] 16 S.
Aus: Právnik. 1957/4.
[Betr.: ČSR.] ÜT 420

Pavel,D.: Die Änderungen der Strafprozeßordnung. Die neuen Institute in der Strafprozessordnung. Modificările codului de procedură penală. Institutii noi legislatia procesuala penală [dt.] 31 S.
Aus: Justitia nouă. 1957/1.
[Betr.: Rumänien.] ÜRum 81

Rajzman,H.: Die neuen Bestimmungen über die Entschädigung für die zu Unrecht erfolgte Verurteilung oder Anklage. Nowe przepisy o odszkodowaniu za niesluszne skazanie lub oskarzenie [dt.] 21 S.
Aus: Państwo i prawo. 1957/3.
[Betr.: Polen.] ÜP 523

Sliwowski,J.: Vor der Reform des polnischen Gefängniswesens.(Przed reforma wieziennictwa polskiego) [dt.] 34 S.
Aus: Nowe prawo. 1957/5. ÜP 531

Wołter,W.: Grenzen und Umfang des Strafrechts. Granice i zakres prawa karania [dt.] 27 S.
Aus: Państwo i prawo. 1957/2.
[Betr.: Polen.] ÜP 517

13.Kriminalistik,Gerichtliche Medizin,Gerichtspsychiatrie-,psychologie

Keine Eingänge

14.Zivilrecht

Die aktuelle Genossenschaftsbewegung in Polen; Der Beschluss des Obersten Rates der Genossenschaften vom 12.Oktober 1956 über Einschätzung der bisherigen Arbeit und der künftigen Aufgaben der Genossenschaftsbewegung in Polen. Aktualne zadania ruchu spółzielczego w Polsce; Uchwala Naczelnej Rady Spółdzielcznej dnia 12. października 1956 r. [dt.] 4 S.
Orig. ersch.: Warschau 1956. ÜP 537

Švestka, J.: Einige Betrachtungen über die Verantwortlichkeit für den Schaden, der durch unrichtiges Vorgehen bei einer Amtshandlung verursacht wurde < § 346 ZGB >. Některé úvahy o odpovědnosti za škodu způsobenou nesprávným postupem v úředním výkonu < 346 obc. zák.> [dt.] 33 S.
Aus: Právník. 1956/8
[Betr.: ČSR.] ÜT 424

15.Urheber- und Erfinderrecht

Keine Eingänge

16.Vertragssystem,Vertragsgerichtliches Verfahren

Chalfina,R.;P.Orlovskij(P.Orlowskij): Über die Vertrags-und Rechtsbeziehungen in der Industrie. O dogovornych i pravovych otnošenijach v promyšlennosti [dt.] 7 S.
Aus: Izvestija. 1957, Nr 90.
[Betr.: UdSSR.] ÜR 968

Doláková, M.: Einige Fragen des Ersatzes von Schäden, die durch Verletzung der Verbindlichkeiten aus Wirtschaftsverträgen entstanden sind. Některé otázky náhrady škody vzniklé porušením závazků z hospodářských smluv [dt.] 45 S.
Aus: Právník. 1956/9.
[Betr.: ČSR.] ÜT 426

17.LPG- Recht, Bodenrecht

Einige Fragen des Rechts der landwirtschaftlichen Genossenschaften. < Auszug.> Některé otázky práva zemědělsko-družstevního [dt.]
Verf.:J.Eliáš [u.a.] 8 S.
Aus: Socialistická zákonnost. 1956/6.
[Betr.: ČSR.] ÜT 414

18.Familienrecht

Planková,O.: Die Vermögensbeziehungen zwischen dem Lebensgefährten und der Lebensgefährtin und ihre Rechtsnatur. Majetkové vztany medzi druhom a družkou a ich právny režim [dt.] 23 S.
Aus: Právny obzor. 1955, Jg 38, Nr 8.
[Betr.: Slowakei.] ÜS 1o5

19.Zivilprozeß(einschließlich Familienrechtliches Verfahren)

Eliás, J.: Fragen des bürgerlichen Berufungsverfahrens. < Diskussionsbeiträge.> Otázky občanského od volacího řízení [dt.] 31 S.
Aus: Právník. 1956/4.
[Betr.: ČSR.] ÚT 428

20. Arbeitsrecht und Arbeitsgerichtliches Verfahren

Chyský, J.: Einige Fragen beim Erlöschen des Arbeitsverhältnisses. Některé otázky při zániku pracovního poměru [dt.] 38 S.
Aus: Právník. 1957/1.
]Betr.: ČSR.] ÚT 418

21. Internationales Privatrecht

Keine Eingänge

22. Sonstiges

Keine Eingänge

ALPHABETISCHES SACHGRUPPENVERZEICHNIS